灘校と西大和学園で教え子500人以上を

東大合格させた キムタツの

「東大に入る子」が実践する勉強の真実

木村達哉

KIMURA TATSUYA

KADOKAWA

灘校と西大和学園で教え子500人以上を

東大合格させたキムタツの「東大に入る子」が実践する勉強の真実

木村達哉
KIMURA TATSUYA

KADOKAWA

はじめに　東大は手順を踏んで勉強すれば誰でも合格できる

「うちの子は勉強しないんです」

「子どもたちが自ら勉強するようになるにはどうすればいいのですか？」

私には、毎日のようにこういった悩みを抱える全国の親御さんや教員の方たちからメールが届きます。YouTube の「キムタツチャンネル」で回答させてもらっていますが、似たような相談が次から次へと届きます。

でも……子どもが勉強をしない？　しかも自分から進んで？

大丈夫です。

放っておいても主体的に勉強をするという子どもはほとんどいません。皆さんの子どもさんだけが特別というわけではありません。

灘《なだ》校で教員をしていると、さぞ優秀で、勉強が好きな生徒が集まっているんでしょうねと言われます。何も言わなくても自ら勉強する、復習してきなさいと伝えれば全員が授業の復習をしてくる、『ユメタン』で単語テストをやればほとんどが合格する……。そんな生徒像は完全に世間の妄想です。10年間を西大和《にしやまと》学園で、23年間を灘校で、それぞれ教えてきた私がはっきり言います。

　確かにそういった進学校には、厳しい中学受験をくぐり抜けてきた優秀な生徒はいます。だからといって、入学後に教員が何も工夫しなくても主体的にがんがん勉強し続ける子なんてほとんどいません。「明日までに英単語１００語覚えてこいよ」とだけ言って、翌日きちんと１００語覚えてくる子はほぼいません。

　でもそれは当然なのです。当然なので、当然だと思ってこちらも指導をします。そうしているうちに、主体的に勉強する子が増えてきます。

　ではどうして自分から勉強しないんでしょうか。

　一つは、正しい勉強の方法がわかっていないからです。あなたは、確信を持って、子どもは正しい勉強法を知っているのにやっていないと言えますか？　正しい方法も知らないのに、子どもに勉強をしてほしいと望むのは無謀です。

　子どもたちが「明日までに１００語覚えてきなさい」と言われた場合、最初は覚え方を知りません。いくら灘校の入試を通過したといっても、知らないものは知らないのですから、こちらはまず覚え方を教えねばなりません。知らないままにしておくと、勉強をやりたくなくなります。やり方がわからないとできないですからね。できないのに課題だけ目の前にあってもやる気なんて出ません。それに、無理矢理やらせたところで、普通は単語テストが終われば忘れてしまいます。それでは意味がありません。

勉強の方法自体がわかっていなければ、勉強しようがありませんが、わかれば生徒たちは英単語を確実に100語覚えてきます。これは灘校の生徒に限りません。私が講演会や出張授業をしている他の学校でも実践できています。偏差値的にはかなり低い学校の生徒たちでもそうです。覚え方を知らないのです。偏差値40の学校に行ったときに、「今から30個の単語を覚えてもらうけど、できるかな」と話しかけました。多くの生徒たちはニヤニヤ笑っています。「無理！」とある生徒が叫びました。大爆笑が起こりました。

でも、覚え方を説明し、一緒に声を出しながら覚えました。そして5分が経ち、ほとんどの生徒が30個の単語を覚えていました。生徒たちはもう笑っていませんでした。やればできる！　今まではやっていなかっただけなんや！　と言うと、頷《うなず》いている子どもたちの姿がありました。

主体的に勉強しないもう一つの理由は、勉強する意味や意義、大切さがわからないからです。親や教師に「勉強しなさい」としか言われない子どもが、中高生にもなって従順に従うほうが、ちょっと怖いと思います。興味をそそられるスマホ、YouTube の楽しい動画、心と時間を知らず知らずのうちに奪っていくゲームがいくらでもあるんです。なぜ楽しいことを我慢してまで勉強をしないといけないのでしょう。それがわからない子どもは多いはずです。それも説明されていないからです。私自身の中高生時代がそうでした。

だからこそ、私たちのような大人が、勉強の正しい方法や勉強の大切さや意味、目的を伝えることが大事になってくるのだと思っています。私は生徒に「勉強しろ」とは言いません。でも勉強したらこういうことができるよ、こんな人間を目指したくないかという話はしょっちゅうします。

勉強の意味を知り、正しい勉強のやり方を知って実践すれば、どんな子でも東大に入ることができます。これは今まで500人以上の東大合格者を送りだし、北海道から沖縄までの偏差値もさまざまな中学・高校で授業や講演をやってきたからこそ、言えます（東大に入りたいかはもちろん個人の選択の自由ですが）。

巷《ちまた》には、特殊な成功例を、さも誰にでもあてはまるように話し、それを信じてしまう人たちが後を絶ちません。一人二人の子どもやある家庭の特殊な事例などが、他の大多数の人にあてはまるわけがありません。でも受験の話となると、つい面白く目新しいほうにひっぱられるものです。すぐに真似ができる小手先の方法だけを試し、本質を外している方もたくさんおられます。本当にこんなやり方でいいのかと疑心暗鬼になりながら。

この本では、西大和学園と灘校で、33年間、のべ5000人以上の生徒を教えてきたからこそ、お伝えできることをお話ししていきます。一人や二人の例ではありません。これまでに多くの生徒たちを見てきた中で私なりにわかってきたことをお伝えしたいと思って、筆を執りました。その場限りの飛び道具のようなものは出てきません。特殊なことは書いていません。当たり前のことばかりかもしれません。でも実行すれば、必ず成績が上がり、自分の頭のレベルがアップする勉強方法です。タイトルには「東大」という言葉を付けましたが、これはあくまでも日本最難関の大学であるという意味で付けました。他の大学であっても通用する方法であることは言うまでもありません。

皆さんの子どもたちが、自分の行きたい高校や大学に入り、それ以後に充実した実りある人生を送るきっかけに本書がなれば幸甚の至りです。

木村達哉

目次

第1章 勉強し続ける子の親とは

第2章　早期教育・お受験の落とし穴

第3章　成績が上がる子・下がる子

第4章　学び続ける力を

第5章　Q＆A

装丁・本文デザイン　椋真貴子
イラスト　星野克幸
構成協力　柳原香奈

第1章

勉強し続ける子の親とは

「勉強する子」はどういう子たちか

私は33年間、西大和学園と灘校で教鞭《きょうべん》を執ってきました。いずれも東京大学や京都大学にたくさんの卒業生を送り込んでいる進学校です。一方、日本各地で（一度だけ上海《シャンハイ》で）子どもたちや学校の先生方、保護者の方々に話をする機会が年間に数十回あります。学校や書店さんで一年間にだいたい８０００人ほどを相手に、どうすれば成績が伸びるのか、どうすれば英語が使えるようになるのか、どうすればモチベーションは上がるのか、どうすれば子どもは勉強をしたくなるのかという話をしています。また、福島と沖縄で教育支援のボランティアを行い、学校や塾で出張授業や講演を行っています。

どんな学校に行っても、つまりどんな進学校に行っても、「勉強が手につかない」という声を耳にします。あるいは「うちの子は勉強しない」という愚痴を聞くことになります。そのたびにこの本に書いてあるようなことを話すようにしています。

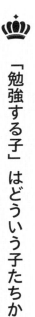

皆さん、「勉強する子」はどういう子だと思いますか。

まず、「勉強」という言葉を狭い意味でとらえるのではなく、野球や楽器の勉強も含めて考えてみてください。たとえば野球部の部員のなかで「野球の勉強（練習）をする子」はどういう子でしょうか。保護者がその子のお尻《しり》を叩《たた》かないと勉強しないようではレギュラーになれないですよね。それに、いくら我が子のお尻を叩き続けた親が「私が子どもをプロ野球選手にした！」と言っても、皆さんはそれを信じますか。おそらくコーチや監督、そして言うまでもなく本人が努力したからプロ野球選手になったのだと思いませんか。

では、その子はどうしてそんなに野球の勉強をしたのでしょう。いや、ピアノでもいいし、プログラミングでもいいのです。なんでもいい。親がとやかく言って「我が子を入れた！」というような子どもって、大したことないと思いません？

その子は「うまくなりたい！」と思ったはずなんです。野球にしたってピアノにしたってプログラミングにしたって。自分で「こうなりたい！」という強い気持ちがあったのでしょうね。プロになりたい！　ピアニストになりたい！　そういう気持ちがあったから、努力が継続してできたのではないでしょうか。

そこを理解しておかないと、お尻を叩く親になってしまいます。「勉強しなさい」と言われるたびに、子どもはやる気を失うのに。

「勉強しなさい」とがんばって言わない

　多くの親御さんがほとんど無意識に「勉強しなさい」と子どもに言ってしまいます。でも「勉強しなさい」と言われて、「よーし、勉強する気が湧いてきたぞ」と思うでしょうか？　勉強しないといけないことは子どもたち自身が一番よくわかっているはず。よしんば「怒られるし勉強するか」と考えるとしても、そんなしぶしぶやるような勉強で、成績って上がりますか。いや、一時的には上がるかもしれませんね。でも、言われなくなったら下がるはずですし、そもそも勉強って「こうなりたい！」がなかったら続かないです。親だって大変でしょう。皆さんだって、いい年をした子どもに「勉強しなさい」って言うような親になりたくないはずです。家の中の雰囲気も悪くなりますしね。

　もう「勉強しなさい」という言葉は封印してください。しなさいと言われてする勉強はつまらないですし、成績も上がりません。つまり「勉強しなさい」にはまったく効果がありません。効果がないのに「勉強しなさい」と言うのはやめておいたほうがいいと思いませんか。マイナスの影響しかないのです。「勉強しなさい」は言わないでください。子どもたちがうんざりします。言い慣れているとつい言ってしまいますよね。でも、がんばって言わないでください。

我が子が幼いなら一緒に勉強する

こう書くと「勉強しなさい」と言わなければうちの子は勉強しないんですという方もおられます。でも、それを言ったところで勉強しないし、仮にしたって効果はないんですよ。言われたらモチベーションを失うんですよ。言うから駄目なんです。

私の母親は「勉強しろ」とは言いませんでした。でも、私に勉強をしてほしいと強く考えていたとは思います。

共働きで帰宅するのは毎日23時頃でしたが、「算数やらなあかんねん」というと、一緒にいろいろ見てくれました。それは幼心に嬉《うれ》しくて、一緒に母と教科書に向かった記憶があります。読書感想文の書き方を教えてくれたのも母でした。なにせ23時に近くの工場から自宅に帰ってくる母ですので、あまり無理は言えません。しかし感想文を書かないといけません。もし「一人で書きなさい」と母から言われていたら、私はまったくやる気を失い、どうすればいいのかわからずに心折れていたことでしょう。

皆さんのお子さんがまだ幼いのであれば、そして勉強してほしいと願うなら、長時間でなくてもいいですので、子どもと一緒に机に向かい、勉強に付き合ってみてあげてください。超難関中学校に通わせたくて、ものすごく難しい算数の問題だと手に負えないかもしれませんね。でも、それまでの年齢なのであれば、子どもは親が自分のほうを向いてくれていることを嬉しく思い、徐々に親と勉強する時間を楽しみにし始めます。

幼いうちから受験塾に放り込めばいいのではないかと思われる方もおられるかもしれませんね。もちろん、良心的な塾もあります。それに、お子さんが塾に行くことを望むならいいのではないでしょうか。でも後で書きますが、小学生のうちからがんがんに知識を、そして「考える力」とやらを詰め込まれた子どもが有名な中学校に入っても、ほとんどが失敗します。そもそも「考える力」って詰め込まれて身につくものではないのは、論理的に考えればわかりそうなものですよね。私はそういう子たちを見てきて、本当に心を痛めてきました。

人間、生きている間ずっと勉強じゃないですか。人生は勉強の連続でしょう。なのに中学校に上がる頃には、疲弊してしまって勉強をやめてしまう子がものすごく多いのです。かわいそうなぐらい。

子どもが望むのであれば問題ありません。でも、そうでないなら早いうちから塾に入れるより、皆さんが良い先生になってあげましょう。そのほうがお子さんとの関係が良化し、お子さんのなかにある大切な要素が生まれるのです。その要素についてはものすごく大切なことなので、本書では何度も書きます。その要素が生まれれば、もうほとんどその子が失敗することはありません。ただ、順番に話をしたいので、その要素についてはもう少し我慢して、続きをお読みください。

親の役割は「環境づくり」

子どもが勉強しない場合、本来は勉強せずに困るのは本人であって、親ではありません。ですので、親のほうが気にしていてもしかたないと思うというのが私の本心です。とはいえ、気になってしまう親心もわかります。

「勉強しなさい」と言わないのであれば、じゃあどうすればいいのだと思っている方のためにここから書いていきますね。

何よりも家庭環境は大事です。むしろ家庭環境がすべてと言ってもいいでしょう。人間、もともともっと知りたい、やってみたい、自分の力を伸ばしたいと本能的に思っています。誰でも努力したいのです。でも環境がそれを許さないことも多いのです。そしてその環境を作っているのは親自身です。生徒たちが次のような環境下にあるとしたら、彼らは努力をするでしょうか。

- **幼いうちにスマホやゲーム機を与えられている環境**
- **自宅にあまり本がないような環境**
- **リラックスして生活できないような環境**

努力する環境ができているのに努力しないのは本人の問題だと思うんですね。何を甘えた、思い上がったことを言っているのだと言いたくなりますよね。環境が整っているのに、それにあぐらをかいて勉強しない子もいます。恵まれすぎているのです。自分ががんばらなくても親がなんとかしてくれると思っているような子の場合、なかなか自分からは勉強しませんし、実際「親がカネを遺《のこ》してくれると思います」と私に言った子もいます。そうなると残念ですが、赤の他人である教員が何を言ったところでやる気にはなりません。環境が良すぎるんです。

でも勉強したくてもできないという環境があるならば、それを排除するのは親の問題ですよね。この三つの要素について、一つずつ検証していきましょう。

子どもが任天堂との勝負に勝てるわけがない

親御さんからの相談の上位にくるテーマはやはりゲームに関する内容です。最初に申し上げておくと、私はゲームを小さい頃から与えるのには反対です。自分で絶対に時間を管理できるという人の場合は別です。あるいは、これはリラックスするためのものだから週に1回だけはどっぷり浸《つ》からせてもらうけど、それ以外の日は絶対にやらないと、セルフコントロールができるのであればいいでしょう。ただ、それでも自分で時間ややる気を管理できる子はかなり少ない（というよりほとんどいない）と思われますので、子どもに与えるのはやめておいたほうがいいと思っています。

ゲームの問題点は、ゲームをやること自体ではなくて、面白くてやめられなくなってしまうことです。

ゲームの制作企業は、ゲームにどっぷりハマるように開発します。大人でも制御できない中毒性のあるゲームになるよう、必死になって作っているのです。そうすることで収益を上げているのですから、企業も必死なのです。

その大人の全力の開発に抗《あらが》えるほど、子どもたちは強くはありません。任天堂VS小学生となると、任天堂が必ず勝ちますよ。いくら家庭での約束をしたとしてもです。だから私は、そもそもゲームなど始めるのはやめたほうがいいと思っています。

同じことが中高生のSNSにも言えます。ツイッターやフェイスブックを見るのをやめられないのも同じです。企業との勝負に負けているのです。

でも、これって大人でも同じですよね。毎日1時間英語の勉強をやろうと思っていても、気づけば毎日1時間インスタグラムやフェイスブックを見ていたということはありませんか？　やることがあるのにだらだらと他の人の投稿を見てばかりいて時間が過ぎていくというようなことがあるんじゃないでしょうか。大人でもそうなんですよ。中学生や高校生が自制できると思いますか。

子どもにとっても大人にとっても、勉強は自己の甘えとの闘いです。だからそれをコントロールできないのであれば、ゲームは最初からやめておくか、始めてしまったなら、どうコントロールするかを考える必要があると思います。それはSNSも同じです。

灘校のような超進学校の生徒たちも、ゲームにハマって抜け出せない子はかなり多く存在します。逆に言えば、成績を伸ばしている生徒たちは、そこに手を出していないか、あるいは手を出していてもコントロールができている子です。多くの学校でインターネット関係の問題が噴出していて、日本の教育シーンにおいてもっとも大きい問題になっているのです。あまりそういう実情は表には出ませんけれども。だから、私は生徒に伝えています。「自分の人生で何が大事か」「20～30年後にどういう人になっていたいのか」を問いかけます。池《いけ》上彰《がみあきら》氏や佐藤優《さとうまさる》氏のような知的な大人になりたいか、自分の進みたい大学に進んで自分の生きたい人生を生きる大人になりたいか、それともいつまでもゲームから抜け出せず朝からスマホをだらだらと触っているような大人になりたいか、自分で考えて行動してみろと話をしています。

ゲームを与えないのは子どもがかわいそうなのか

ゲームを子どもに与えないとなると、「他の子どもがやっているのにかわいそう」という意見もあります。私はゲームをさせないことがかわいそうという考えがないので、自分の子どもには、いっさいゲームをさせませんでした。「自分でコントロールできるようになってからすればいい」「子どもが任天堂に勝てるわけがないからね」と、きちんと話しました。

友達の家に行ったときにやっていたのがわかったことはあります。でもそれはしょうがないのではないでしょうか。子どもには子どもなりの付き合いというものもありますしね。私が避けたかったのは、日々だらだらとスマホの画面を見て過ごす機会を子どもに与えることだったからです。スマホがないなら一緒に遊ばないというような友達がいるとしても、そんな友達は作らないほうがいいよと、自分の子どもたちには話しました。

実際、子どもはゲームに勝てません。ゲームとは元から、やればやるほどもっとやりたいように作られているのです。それで収益を上げている企業との勝てない戦いにどうして挑みにいくのでしょうか。

いまやＷＨＯ（世界保健機関）もゲーム障がいの危険性に警鐘を鳴らしています。ゲームに子どもがハマってしまうというのは、与えた親の責任です。子どもがかわいそうだと言うなら、そんなものを与えられるほうがかわいそうだと私は思います。

すでにゲームを与えてしまっているという場合は、今からでも遅くないので、話し合ってコントロールできるルールを作りましょう。一方的に取り上げるという方法は親子関係を悪化させるので、おすすめしません。しかし、意識がゲームに行ってしまっている子が勉強や読書に主体的に向かうことはないと断言しておきます。

コラム

教え子エピソード①

A君が入学してきたときには心配しました。なにせかなり遠くから新幹線で通っていたからです。皆さんのお子さんは中1で毎日新幹線に乗って、片道2時間かけて神戸《こうべ》の学校まで通わせようと思いますか。そういう生徒が各学年に何人かはいます。

中学時代の彼はびっくりするぐらいの努力家で、学年では常にトップ。定期考査のたびに、どの先生からもA君はすごいねと褒められていました。ところが高1になると、彼の成績は落ち始めます。そればかりか、新幹線で熟睡してしまい、乗り過ごしてしまうということが多くなりました。どうしたのかと聞くと、しっかり管理するからと約束し、初めてゲームを買ってもらったということでした。いろいろと話し合ったのですが、もうゲームなしでは生きていけないと言います。卒業する頃には、東京大学はおろか、地方国公立大学にも合格できない成績になってしまい、浪人をした結果、ある私立大学に進みました。

彼のお父さんと話をしたのですが、「中学時代の成績が良かったので、大丈夫だろうと思ってしまったのが間違いだった」とのこと。もちろんその私立大学に進んだからといって、彼が不幸になるわけではありません。しかし、浪人中もゲームをどうしても手放せなかったのが心配でなりません。

「本を読みなさい」では読まない

東京大学だけでなく、他の大学にしても、さらに言えば高校入試や中学入試にしてもそうですが、勉強の土台は常に「読む」ということです。大学に入ったあとも書物や論文を読めねば研究になりませんし、ついでに言えば働き出したあとも（仕事にもよりますが）読む力のない人が成功する可能性は低いのではないでしょうか。読む力を比較的早い段階から身につけておくことは極めて重要です。読む力というと国語や英語を思い浮かべる人が多いのではないかと思いますが、それらの教科だけでなく、数学（算数）や理科や地歴公民であっても、かなり長い文章を読んで問題に答えることが求められます。そもそも文章を読んで理解できる力がない子の場合、いくらドリル的な勉強をしたとしても、いくら過去問などを反復したとしても、成績を上げることは不可能だと言えます。

我が子に本を読んでもらいたいと願う親や生徒に読書を勧めている先生はたくさんいますが、子どもたちは「本を読みなさい」と言っても読みません。

そりゃこれだけスマホが世界中を席巻《せつけん》している現在、文章を読むような知的作業に勤《いそ》しもうとする人は、子どもだけでなく大人も少ないのが現状です。「最近の子どもは本を読まない」と愚痴を言う大人は多いですが、大人も本を読みません。その証拠に大人向けで売れているものはダイエットや健康に関する一部の本だけだと、書店さんに行くと担当の方がこぼしておられます。

子どもたちに本を読ませたい。でも読まない。ならばどうするか？

いろいろと工夫しなければなりませんね。まずは家の中に本棚を置くことです。スペースの問題はあると思いますが、本が手元にある状態を作っておかなければいけません。目に見える場所に本がないのに、わざわざ本を読もうという気持ちにはなりません。まずはそれが第一歩です。

次に大事なことは大人が読む姿を見せることです。そしてその本を子どもと共有することです。

我が家は子どもがまだ小さい頃、家族共有の読書ノートを作って、家族それぞれが読んだ本の感想を、一冊のノートに記録していました。本を読んだら、自分の名前、タイトル、出版社名と、一行だけ好きなことを書きます。一行の部分は感想でも、どういう本かの説明でもいいのです。読書感想文を強要すると、読書自体が嫌になりますしね。「最後のエピソードに感動した」「世界をカヌーで旅する男の話がよかった」などでいいのです。親が読んだ本のタイトルを見て、「いつか読んでみようかな」「親はこんな風に思ったんだ」という発見があり、読書への関心につながっていきます。

また、家族でご飯を食べているときなどに、子どもに向かって「前に読んでいた本、面白そう。どんな内容なん?」などと話題をふってみます。そこから会話が広がりますし、子どもが本の内容を紹介する良いきっかけにもなります。「お父さんも読んでみようかな」となれば、子どもは喜びます。

子どもは「やりなさい」じゃなくて、「親も読書をしているんだな」という点を見ていますし、実際にしている姿を見せるほうが印象に残ります。

ちなみに子どもの感想文を読んでいて、幼稚だなと思うこともあるでしょう。それであれば、親の目線で書き方を教えてあげればいいと思います。感想はこう書けば他の人に伝わりやすいんだなとわかり、自分の文章が伝わったという成功体験があれば、その後は自分でできるようになります。

新聞であれ、本であれ、大人が読んでいない家庭では子どもも読みません。まずは大人が読んでいる姿を見せること、そしてその内容を共有しようとすることから始められてみてはいかがでしょうか。

灘校での取り組み

英語を長年教えてきて感じるのが、そもそも日本語の文章を読めない子がかなり多くなってきたということです。日本語の文章も読めないのに、外国語で書かれた文章が読めるわけがありません。「英語の長文が苦手です」という生徒がいますが、「そもそも日本語の長文だったら読めるのか？」と聞くと言葉に窮しています。自分は日本語を話せるから日本語ならできると思っているのですね。話すのと読むのとはまったくの別物です。

第二言語の力が、母国語の力を超えることはまずないのです。日本語のレベルが低ければ、いくら英単語や英熟語を覚えても英語の力は日本語のレベル以上になりません。

そこで私は、英語の教員ですが、生徒たちに日本語の推薦図書を記したプリントを毎月配付しています（33頁参照）。私が読んで面白かった本のタイトルとコラムが書いてあります。小説もあれば、エッセイやノンフィクションもあります。受験に直接的に関係するものではありません。また、強制ではありませんので、そのプリントを見て本を実際に読む生徒もいれば読まない生徒もいます。読んだ生徒には、自分の名前と本のタイトル、著者または私への手紙を書いてもらっています。そして校内の専用ポストに投函《とうかん》してもらっています。生徒たちは、「主人公には共感できました」「木村先生の推薦図書にしては、ロマンチックでしたね」「長くて途中で挫折《ざせつ》しました、すみません！」などと書いてきます。読書感想文を強制するとは読書がつまらなくなり、ますます読まなくなります。でも、手紙なら書けます。生徒からの手紙には、「読んでくれてありがとう。推薦した甲斐《かい》がありました」などという返事を書いて渡します。

今の時代、本を読む環境は、そこまで働きかけないと作れないと思っています。それに本は子どもたちにとって、意外と高額商品ですしね。私が読んだものを生徒たちと共有し、そこから派生した話を楽しめると他の本も読み始めますし、その話を聞いている他の生徒たちも読み始めるというものなのです。

私の取り組みを親がやるとどうなるでしょう。おそらく家庭に置かれる本の数がどんどん増えていくのではないかと思うのです。

本を読み始めたお子さんの話

本を読む力、文章を読む力がないと、英語や数学の勉強は言うまでもなく（つまり大学に入れないだけでなく）社会に出てからも困りますし、そもそも読めない人が深く考えること

おすすめ書籍の例

1
『人を動かす』
D. カーネギー

まだ相当若かった頃の私が「自分の夢をかなえるために思うとおりに自分の人生を生きる」という部分と「社会の人々の幸せを考えながら自分の人生を生きる」という部分とのバランスをどのように取ればいいのかわからずに悩んでいた時期に、この本に出会いました。若い人たちに読んでほしい一冊です。

2
『父の詫び状』
向田邦子

向田邦子の両親や家族の息遣いは、その美しい文章を通じてひしひしと伝わってきます。若い人たちの中には親に対して少し相容れぬものを感じている人もいるかもしれませんが、本書を読んで、家族の有り様を考えて貰えればいいなと思って推薦しました。

3
『満潮の時刻』
遠藤周作

遠藤周作と言えば『沈黙』、『海と毒薬』、『わたしが・棄てた・女』などが有名ですが、遠藤作品の根底に常に流れている死への恐怖と信仰心の両方が、この『満潮の時刻』にはもっともバランスよく絡み合いながら描かれていると思っています。死に直面した人間の気持ちが見事に描写されていて、われわれが人生を深く考えるきっかけにもなるのではないでしょうか。

4
『明日の記憶』
荻原浩

体そのものが健常であったとしても、脳の病によって愛する人との楽しく穏やかな思い出さえ、奪い去られていくこともあると、この小説は改めてわれわれに教えてくれます。記憶が失われていく日々と闘いながら、それでも懸命に生きようとする主人公の姿に私は感動し、涙を禁じえませんでした。

5
『NASAより宇宙に近い町工場』
植松努

われわれはややもすれば子どもたちに夢を見ることを禁じます。きっと自分にはできないこと、できなかったことを誰かがかなえようとすると「どうせ無理」「甘くない」などという言葉で阻止しようとしているのかもしれませんね。悲しい思いを振り切って、自分の思うとおりにロケットを作る人生を歩めるようになった植松さんの本です。

などできるようにはなりません。物事を論理的に考えるためには、仮説を立て、資料を読み、検証することが必要です。論理的に考えない人の場合、感性だけで生きることになります。それでいいのであればいいのですが、本書を読んでおられる皆さんのお子さんにはそうであってほしくありません。しっかりと考える力を身につけ、東大をはじめとする大学を経て、他者のために社会のために役に立つ人材に育ってほしいと願っています。

私の知り合いで書店営業の会社を経営されているSさんという方がおられます。その方とゴルフをしているときに「どうすれば娘が本を読む子になるだろうか」と相談を受けました。私の家や灘校での取り組みを説明し、実際に生徒たちに配付している先ほどの私のコラムを見てもらいました。

また、紀伊國屋《きのくにや》書店梅田本店の店長さんが私のリストとコラムをご覧になり、是非ともここに掲載されている本の本棚を作りたいと仰ってくださいました。結果的に、Sさんの娘さんは100冊以上の本を読むことになり、紀伊國屋書店梅田本店さんではその本棚に多くの方々がお越しになり、極めてたくさんの本をレジへと持っていかれたそうです。

私は自分のホームページで本を紹介し続けています。私が紹介した本を子どもたちと一緒に読んでみられてもいいかと思いますが、たとえば親が読んだ本をこのような形でリストアップされてはいかがでしょう。ワードやエクセルがあれば、すぐに作れますし、データ化しておいて、今までの人生でどういう本を読んだのかを記録するのも一つのモチベーションになるのではないでしょうか。

再度書きますが、本を読む環境は、大人が働きかけないと作れない時代になっています。私の取り組みが参考になれば嬉しく思います。

できる生徒はリビング学習をやっている

成績優秀な生徒に聞くと、多くは中高生になってもリビングで学習をしています。

子どもに限らず人間は皆、やっぱり楽をしたいものです。だから第三者の目があったほうが、だらけてしまう気持ちにストップがかかっていいのです。生徒本人もそれに気づき、あえて第三者のいる場で勉強するようです。

東大に受かる生徒というのは、「そもそも人間は楽なほうに流れるものだ」とか「自分はあまり頭が良くない」ということを意識しています。その前提で、ではどうすれば勉強できるようになるか、どうすれば記憶していられるかを実践しているのです。東大に受かる子は、自分が完璧ではないことを知っているのです。

一人の空間で勉強をやっていると、気づけばスマホを触っていたり、近くにある漫画に手が伸びたりするのは、普通のことです。大人でもそうですよね。人間は一人だと誘惑には弱いものです。

一方、近くに親がいる、兄弟がいる。ましてやその人たちも本を読んだり勉強したりしている、となると自然に勉強するしかなくなります。ちょっと休憩を取るときも、一人だったらちょっとゲームでもしようかとなるところが、リビングなどではお茶を飲むぐらいになります。もちろん親がゲームをしたりテレビを見たりしている横で勉強をしても集中できないので、そうすると自然と親も子どもが勉強している横でそれなりに知的な活動（新聞や本を読むなど）をすることになります。

「勉強するのが当たり前」という環境こそが大事で、それを作ってあげられるのは家庭です。勉強机を買ってあげて、本棚にたくさん本を入れてあげて、「はい、勉強してください」といっても、子どもは勉強しません。

第1章 勉強し続ける子の親とは

「こんなに与えているのに」ではなく、「人間って楽をしたくなる生き物だ」という前提で、環境を整えてあげてください。

子どもは親を見て育つ（ここまでのまとめとして）

沖縄で「おきなわ学びのネットワーク」というNPOを作りまして、もうずいぶん前からボランティア活動をしています。新型コロナウイルス感染症が蔓延《まんえん》する前には、年間に数回は無料勉強会を行っていました。沖縄本島で開催するときは興南《こうなん》中学校・高等学校をお借りし、石垣《いしがき》島で開催するときは八重山《やえやま》高等学校をお借りしています。

興南をお借りして、勉強会を行ったある日のこと。終わったあとに質疑応答に入ります。生徒たちからの質問が終わると、今度は保護者からの質問を受け付けます。

ある保護者が手を挙げました。「うちの子はまったく勉強しない」とおっしゃいます。私はこの本に書いてあることを、短時間ですので全部は話せないのですが、まとめながら話しました。

そうすると「でも勉強しなさいと言わないと、いや、言っても勉強しない！　勉強できる子は自分からするだろうけど、うちの子はしない！」と叫ぶようにおっしゃったんですね。勉強できる子も自分からはなかなかしないということ、勉強しなさいと言うとさらにやる気を失うので言わないほうが良いということを噛《か》んで含めて話したあとに、このように申し上げました。

「ところでお母さん、あなたはどういう勉強をされているんですか？」と。

そのお母さんは呆気《あっけ》にとられた表情をして固まっておられます。「周囲の大人が勉強していないのに、子どもが勉強すると思いますか？」と申し上げると、恥ずかしそうな顔をしながら頷《うなず》いておられました。

家庭環境って特に大事です。子どもに「スマホばっかり触っていないで」と注意しながら、親自身がずっとスマホを触っているということはありませんでしょうか。親がだらだらとSNSをしているのに、子どもが勉強しないでいると小言を言ってしまうことはありませんか。

子どもに勉強してほしいと思っているなら、親ができることは環境づくりというのはお伝えしました。ただ、その環境には親の行動も含まれます。

親が遅くまでテレビを見ている家で子どもだけが勉強する気にはなりません。中高生に親が勉強を教えるのは大変だと思いますが、勉強できる雰囲気を作ることならできますよね。家庭が勉強する場になっていることはとても重要です。夜8時ぐらいには親もテレビを消して読書をしているのが普通の家なら、なんとなく子どもも勉強でもするか、となるものです。

親自身も勉強している姿を見せるのは効果的ですが、それが難しいご家庭でも心配はいりません。教え子のL君の家は寿司《すし》屋です。夜遅くまでお店をやっているため、家で親がじっくり勉強を教えたり読書をしたりできるという環境ではありません。しかし、親の働いている寿司屋に一歩入れば、一生懸命働く両親が見えます。親ががんばる姿を見ると、子どもだけ遊んでいようとはなりづらいものです。

親にとっても教員にとっても、もっとも大切な仕事は努力している背中を子どもたちに見せることです。こんな大人になりたいと思わせることができれば、子どもたちは主体的に勉強をするようになります。

B君のお父さんは小さい会社を経営されている人で、非常に豪快。「先生！　飲みにいきましょう」と、私の顔を見ると声をかけてくれます。B君に話を聞くと、彼が幼い頃には事業がうまくいかず、苦労をされていたそうです。B君いわく「父ががんばっているのを近くで見てきましたからね。受験勉強ぐらいで音を上げていてはみっともないです」と。

B君が卒業したあとに、彼のお父さんと一緒に飲む機会があったのです。「わしみたいなアホから東大生が生まれるやなんて、あいつも大したもんですわ！　わははは！」と笑うお父さんは非常に素敵な人でした。

ちなみにB君は今、官僚として霞《かすみ》が関《せき》で立派に働いています。たまに東京で会うこともありますが、お父さんとはまた違った意味で魅力的な人材に育ってくれたと思います。

父親が努力する姿を見て育ったB君が、これから日本という船を正しい方向に動かしていってくれることを願ってやみません。

成績が伸びる子の家庭

皆さんにとってはここからが一番大事かもしれません。東京大学をはじめとする難関大学に合格していく生徒を見ていると、家庭が非常にリラックスできる場所になっていて、親との関係が良好な生徒が多いことに気づかされます。

そりゃそれなりの年齢の子どもが極めて従順に親に従うということはほとんどありません。確かに生徒たちが驚異的に素直な場合、親の忠告や叱咤《しった》に従うかもしれませんが、大多数の生徒は「しなさい」と言われたら反発するのが当たり前です。子どもに反発されて心配する必要はありません。それが当たり前だからです。素直な生徒はごく稀《まれ》にいます。親の「しなさい」に対して素直に従う子たちです。そういった親が書いた本もあります。親はこういう指示をすべきだというような本が。でも、そういった親の子どもたちと皆さんの子どもは同じでしょうか。そうでない子のほうが、少なくとも灘校にはたくさんいます。

だからといって、家庭での雰囲気は悪くないという子のほうが多数派です。面談をする際に「お父さんやお母さんは勉強しろとうるさく言うか」と尋ねると、成績の良い子も悪い子も「いや、放ってくれているのでありがたい」と言います。成績の悪い生徒には「であれば、君が自分の足で歩かないといけないね」と言うことになります。

皆さんの家庭はどうでしょうか。余計なひと言が子どものやる気を失わせているケースは多々あります。逆に雰囲気のいい家庭では、親も自分の目標に対して努力していて、家庭全体が伸びようとしています。共働きであっても、親の帰りが遅くても、それに母子家庭や父子家庭であったとしても、そんなことは成績の伸びとは関係ないのです。中学生以上になれば、親がいちいち勉強を見てあげることはできないでしょうし、そもそもそんな過保護な家庭では子どもたちが力を伸ばすことはできません。

この家にいると心地よいという環境をまずは作ることが大切で、親の最大の仕事はそこにあるのですね。前に書きましたとおり「勉強しなさい」が心地よい家を作ることはありません。どのようにすればリラックスできる、心地よい家庭を作ることができるのか、私の経験や私の生徒たちのエピソードを紹介しながら考えていきます。

大切なのはコミュニケーション

どんな家ならリラックスできるのかをイメージしてみませんか。子どもたちも親も笑顔で、音楽が流れていて、ソファで犬が寝そべっていて……というようなブルジョアジーな家庭でなくてもいいのです。皆さんならどんな家にいたらリラックスできますか。逆にどんな家ならリラックスできませんか。

生徒たちを見ていて思うのは、普段から親に対して口が悪い生徒であっても、食事のときやリビングにいる時間などに会話をすることがあって、親子の壁がないという子の成績はそれなりに良い傾向にあるということです。

逆に、親子の仲があまり良くなくて、ギスギスしているような家庭の子は、ほぼ間違いなくと言ってもいいのではないかというぐらい成績が悪いものです。成績が悪い原因は完全に親にあるのに、親は子どもに対して勉強しなさいとかがんばりなさいとかというようなことばかり言って厳しすぎる（か、あるいは完全にネグレクトか）せいで、さらに家庭の雰囲気が悪くなり、したがってさらに成績が悪くなっていくというケースがほとんどです。

子どもは親の持ち物ではありません。別の人間なのですね。だから接するときには「親しき仲にも礼儀あり」ではありませんが、しかるべきリスペクトなり礼儀なりがなければなりません。なんでもかんでも言っていいわけではないのです。家族であっても人間関係を構築するのは難しいもので、家族なんだから何も言わずともわかりあえるなんて考えるほうがおかしいのです。しっかりと意思を伝え合わないといけません。

ただ、伝え合うといっても、お子さんは子どもです。言いたいことを伝えるのに、遠慮は不要なのですが、言い方によってはすぐに腹を立てる未熟な子もいるでしょう。また、親に対しての物の言い方を身につけていない子もいるはずです。それなのに、親のほうまで未熟なステージに降りていってしまって、言い争いをするようなことでは、リラックスできる家庭を作ることなど不可能です。親は大人なのですから、大人の対応をしてやればいいと思うのです。そして子どもが雰囲気を壊すような言い方をすれば、まずはそれを注意してやらないといけないのではないでしょうか。なんだこの野郎！　ではなく、その言い方ではこっちも聞きたくなくなるじゃないか、雰囲気が悪くなるじゃないかということを伝えるべきで、そのうえで腹を割って話をすることが必要なのではないかと思います。

会社であっても、学校の教室であっても、そして家庭内であっても、コミュニケーションはもっとも大切です。コミュニケーションがスムーズにいっているグループ内の雰囲気はいいですよね。親としては、「会話ができる空間」を作ろうとしてみてください。そして、リラックスできる空間が、実は子どもたちの主体的な学習姿勢につながっているのだということを知っておいてください。

心がホッとする声がけを

私は普段、生徒に「がんばれよ」という言葉を使うことはありません。そんな言葉でがんばろうと思う人間はほとんどいないだろうなと考えるのが一つと、逆に場合によっては「これ以上がんばれない」という気持ちになる子もいるだろうというのが二つめの理由です。私自身、「がんばれ」って言われたら、相手によってはあまりいい気持ちにはなりません。たとえば、これを読んでいるあなたが結婚しておられて、奥さんかご主人がおられるとしますよね。朝、働きに出るときの「がんばってきてね」はなんとなくホッとするかもしれませんが、帰ってきたときに「がんばってきたか」と聞かれたら嫌じゃないです？　私は少なくとも嫌です。なんの気なしに使っている「がんばれよ」も、言われる相手や場面によってはなんでそんなこと言われないといけないんだろうと思うのではないでしょうか。

あなたがお子さんと完全に通じ合っていて、普段から会話があって、ニコニコと微笑み合う関係であれば、学校に行くときの「がんばれよ」は力になり、励ましてもらったという感覚になるのではないかと思います。しかし、そうではないのに「がんばれよ」と言われると、特に思春期の子どものなかには「放っておいてほしいのに」という気持ちになる子も少なからずいます。

「がんばれよ」は上の立場から下の立場に向かってかける言葉です。先生が生徒に、親が子どもに、上司が部下にかける言葉ですよね。子どもが親を対等に見ている家庭の場合、上から言われると多少の反発心が湧くものです。それは先生から生徒であっても同じです。子どもにがんばれよと言って芳しい反応が返ってこなくても、実は当たり前なのです。

私が教室で生徒たちに声をかけるのは「元気か」や「風邪ひいていないか」「大丈夫か」「ちゃんと眠れたか」といったようなことです。別に生徒たちに気を遣っているわけではありませんので誤解のないようにしてください。英語を教え、彼らが吸収して英語力を伸ばすためには、まずは教室内でリラックスしていないと駄目なのですね。そのための潤滑油となる言葉を自分なりに考えて使っているのです。できるだけ笑顔で接することを心がけています。笑顔を向けられてイライラする人は普通いませんからね。

親子でも同じことが言えるのではないかなと私は思っています。何かにつけて「がんばれ」的な言葉を使うよりも、相手をねぎらうような言葉、相手の健康を慮《おもんぱか》るような言葉を使うように心がけることで、家庭内がとても穏やかな空気に包まれるのではないでしょうか。それは奥さんからご主人に対しても、ご主人から奥さんに対しても、同じことが言えるのではないでしょうかね。家庭内がリラックスした雰囲気に包まれていると、子どもたちの成績は伸びやすいものです。子どもの成績が悪いと「もっとがんばりなさい」や「塾に行ったらどうだ」といったような言葉を使ってしまいますが、その言葉が空気をどう変えるのかを考えて、場面に応じて使うべきだと思っています。

大切な要素なので、もう一度書きます。成績が伸びるためには、家庭がリラックスできる場所でなければなりません。リラックスし過ぎていて、だらだらしているお子さんを見ていると、こんなことでいいのかと思われるかもしれませんが、それは別の問題です。勉強の理由が見つからないとか、将来の自分がイメージできないとかいった理由で勉強をしていないだけです。それについては別のページに書きますのでお読みいただくとして、そういったお子さんでも、家庭でリラックスできているなら、勉強を始めると驚くほど伸びる可能性はかなり高いと言えます。よく受験生の親御さんから、親になにができますかと尋ねられて、最初に私が言うのが「リラックスできる家庭を作ってあげてください」ということなのです。

C君のお母さんは、いい言い方をすれば教育熱心で、とにかく息子が帰ってきたら「子どもをこうやって東大に入れた」というような本で学んだことを実践しておられました。C君の門限は午後4時半。学校の授業が終わるのが3時ですから、それぐらいには帰宅できるでしょうというのが彼女の言い分です。

C君が帰ってくると、無駄な時間は与えられず、机に向かわされます。お母さんはC君の後ろに座布団を置き、座って読書を始めます。夕食まではその状態が続きます。C君が少しでも休憩しようものならお母さんからの叱咤が飛びます。夕食後も、就寝まではその状態です。信じられないでしょうが、これは実話です。

さて、C君の成績は上がったでしょうか。C君は家出をするようになりました。何度も何度も。成績がどうこうというようなものではなく、学校にあまり来なくなりました。私も彼との二者面談でその状況を知り、お母さんに今すぐそういった馬鹿げたことはやめるようにと強く申し上げましたが、親が管理しないと駄目なんです！　の一点張り。

C君は結局、地方の大学に進みました。どうしてその大学を選んだのかと聞きましたら「ここならお母さんが簡単には来られない」とのことでした。

親が東大に子どもを入れるのか？

よく我が子を東大に入れた母親やハーバード大に入れた母親の手記を読むと、あたかもその母親が子どもを送り込んだかのような錯覚が芽生えますね。実際には本人の努力があるわけですし、実はその子どもも母親のことを面倒だなと思っていたかもしれないのに。

また、そういう手記を読んだ別の親が、やはりこういうふうにしないといけないんだ的に考えてしまって、子どもを縛りつけようとします。

　子どもが勉強したい、東大に行きたいという意志を持っているのであれば、その時点で親は本来一歩も二歩も下がって、親という漢字のとおりに「木の上に立って見て」いるべきです。それが一番いいのです。私が教えた生徒で、東大や京大やハーバード大に行った子どもの親は、ほとんどが「木の上に立って見て」おられました。ほとんどの親たちが、面談をしても電話をしても「子どものことはわからない」とおっしゃる親でした。でも、そういう親の場合、手記を発表することはありませんし、本にするようなエピソードなどないので、表に出てこないのです。

　小学生の頃に一緒に勉強していた親はたくさんいらっしゃいます。しかし、自我が芽生え、自分は自分だという感覚、親とは違うのだという感覚を子どもが持つようになると、あとはコミュニケーションを取りながらも、あまり深入りしないほうがいいのです。そんなことよりも、家庭内の空気を良くすることを考えること、そして親も自分の人生をしっかりと努力して生き、自分のレベルを上げようとすることこそ、親の役割なのですね。

第1章　勉強し続ける子の親とは

「なぜ勉強しないといけないの？」と聞かれたらいいチャンス

日本各地で生徒向けの講演をさせていただいています。たいがいは私の本を使ってくださっている高校（や、最近は塾）が、著者に話してもらおうと考えられるんだと思うんです。学校の教員としてというよりも、生徒たちが使っている単語集やリスニング問題集の著者として話をすることになりますので、英語をどう勉強すれば成績が上がるのかについて講演というか授業をさせていただくことになります。

終わってからの質疑応答では、英語の勉強法に対する質問も出るのですが、何より多いのがモチベーションに関すること、特に「なぜ勉強しないといけないのか」というものです。

皆さんはお子さんにそういった質問をされたら、どうお答えになりますか。

「なぜ勉強しないといけないの？」と子どもに尋ねられたり、問い詰められたりして、言葉に詰まったことはありませんか？　私のところにもこの問いを投げかけてくる生徒が、それはもうたくさんいます。特に YouTube でキムタツチャンネルを始めてからは全国の生徒たちや親御さんたちからメールが届きますが、勉強の理由に関する疑問を小学生から高校生まで、たくさんの子どもたちが抱いています。

勉強する理由がわからない。これは子ども時代なら当然だと思います。私自身も中学や高校時代はまさにそうでした。単に大学に行くためだけに、勉強をイヤイヤやっていました。今から考えると惜しいことをしました。なぜ勉強したほうがいいのか、わかっていなかったのですから身が入るはずがありませんよね。すべての努力には理由が必要なのです。

勉強の理由は人によって異なるのは言うまでもありません。私が絵を勉強しているのは絵本作家として世界中の子どもたちに絵本を届け、気楽に生きていっていいんだよということを伝えたいからです。多くの日本人が英語の勉強をしておられるのはなぜなんでしょう。なかにはキャビンアテンダントとして活躍したいからという人もいれば、科学者として論文を書く日のためにひたすら語句を覚えているという理系の生徒もいるはずです。人によって勉強の理由は異なります。むしろ、子どもたちはその理由を自分で見つけることが大切なのですね。それが見つかり、そしてその回答が東大にあるならば、目指す姿勢が顕著になります。

「なぜ勉強しないといけないの?」と聞かれたときに、子どもと向き合ってしっかり話してみてほしいのです。たいてい、子どもが勉強したくないときに、抗議のごとく発せられる言葉なので、親御さんもムッとして「そんなこと言っていないで勉強しなさい」と言ってしまいたくなるかもしれませんね。でも、それは子どもが勉強の意味を知る、理由を考える絶好の機会なのです。

「お父さんはこう思う」「お母さんはこう思う」と話してみましょう。もちろん答えなどありません。親の考えを伝えたうえで、子どもが自分の人生をどう送るのか、そしてそのためにはどういう勉強が必要なのかを考えることになるのです。勉強の理由を理解したうえでないと勉強には身が入らないものです。だからお子さんから勉強の理由を尋ねる質問を投げかけられたら、それは絶好の機会なのですね。

ちなみに私はまったく勉強をしていなかった子どもでしたが、少しだけ変わったきっかけは中学3年生のときの担任の先生との出会いでした。その先生と出会っていなかったら、おそらく私は今の人生を送っていないはずです。先生は「君の書く文章は非常に面白い。たぶん僕なんかよりずっと書くのがうまい。将来は文章を書いて生きていけば、君はきっと成功するよ。作家でも新聞記者でもなんでもいい。文章を書いて生きていきなさい」と言ってくれました。

とはいえ、「はい、わかりました」と素直に受け入れるほど、子どもは純粋ではありません。「はぁ、そうですか」というようなリアクションでした。しかし、嬉しかった。嬉しかったので、文章に関して勉強をするようになりました。自分が師匠と決めた作家、遠藤周作《えんどうしゅうさく》さんの本を読み漁《あさ》りました。古文もしっかり勉強しました。英語もしゃべれたら格好いいな、ノーベル文学賞を受賞したときに英語で話せないといけないかもなと思って勉強しました。私の勉強の理由は「作家になるため」でした。今もこうして原稿に向かっている時間を幸せに感じています。

私が生徒と共有する「勉強の意味」

私は灘校の生徒たちに、何が何でも勉強しないといけないとは言いません。今は勉強をせず、他のことをがんばっているのであれば、それはそれでいいのではないかと思っていますので、私は何も生徒に言いません。何一つ努力していない生徒には「何か始めたほうがいいんじゃないかな」とは言います。まったく動いていないと、物理の慣性の法則と同じで、人間は動いていないという状態を維持しようとするものですから。スポーツでも音楽でもなんでも、打ち込んでいるものが一つでもあるのなら、それが勉強に向かうのを待つようにしています。中学生や高校生になれば、他人が勉強しろと言うだけで、本人に響くことなどありませんからね。

ただ、「先生、なぜ勉強しないといけないんですか」と聞かれたときは絶好の機会ですから、その生徒と向き合ってじっくり話をするようにしています。補習や再テストなんかより、しっかりと話をし、その子のハートに火を点《つ》けるほうがよっぽど大事ですからね。

勉強は自分のレベルを上げることですから、まずはそれを伝えます。人にやらされるものではなく、自分のレベルを上げたいなと思ったときに行動しますよね。それを勉強と呼ぶのだということを伝えるのです。そして勉強すると確実に力がついてきますので、勉強前よりも人生が楽しくなります。できなかったことができるようになるのですから、楽しくないわけがありません。それを伝えます。

できるようになれば教えたくないですか。自分の力を誰かに使ってほしくないですかね。野球がうまくなったら誰かに見てもらいたくないですか。ギターが弾けるようになったら誰かに聞いてほしいですよね。英語ができるようになったら、その力を活《い》かして何かしたくなります。数学や理科ができるようになれば、それが他人の幸せにつながることはたくさんあります。医師にしてもそう、建築士にしてもそう、科学者にしてもそうです。勉強は自分の幸せと他人の幸せにつながるのです。これは素晴らしいことです。

また、現実的な側面として、勉強する人としない人では年収が違ってくることなども包み隠さず伝えています。これは当然のことですよね。力がついた人とそうでない人、他人を助けられる人とそうでない人では、神様からいただけるプレゼントの量は異なるはずです。ちなみに、東京都の50代と地方の50代では10年間で3000万円から4000万円の差が出ることも伝えています。東京都の50代と大阪府の50代でも2000万円近くの差が生まれます。物価はほとんど変わらないのに。これはあくまでも平均値ですけれども、中高生なら知っていてもいい事実です。

いろんな「勉強の理由」を伝えます。あとは自分で考えればいいのです。勉強しなさいとは言いません。自分で納得した生徒は、勉強へ向かうモチベーションが違ってきます。自分で立ち上がるのを待つのが最善手なのです。そういった子は、場合によっては時間がかかるかもしれませんが、間違いなく成績が上がってくるのです。

もっとも大切な勉強体質

教員を長いことやってきて、何も言わなくても勉強をする子は日本に1割もいないんじゃないかなと思っています。少なくとも私が働いてきた学校ではその程度しかいません。でもある特性のある子の場合、今は勉強していなくても、そのうち体に染みついているその特性のおかげで勉強をし始めるようになります。その特性とは「勉強体質」です。

本当に自分の子どもに賢く育ってほしい、東京大学とは言わなくても自分が好きな勉強を見つけていってほしいと親が望む場合、特に小学生や中学生という時期はとても大事です。ここで、勉強できる体質になれるかどうかが決まってくるからです。

たとえば、幼い頃の習字、絵、楽器などの習いごとは、私はとても意味があると思っています。その技術を習得してプロにならなくても、習いごとを通じて、子どもはいろんなことを知って習得し、できない場合はできるようにしたいと感じます。自らもっとできるようになりたい、知りたいと思う勉強体質が培われるのです。実はこの体質作りが何より大切です。

逆に、人より先になんでもできるようになっておくといった、いわゆる「先取り」は、長い目で見るとあまり意味がありません。幼稚園児の時点で九九が言える、英検2級をとったということ自体は、たいしたことじゃありません。後になれば、皆できるようになってきますし、小さい子どもにとっては特別でも、大人になれば普通のレベルです。幼い子どもは忘れるのも早いです。実際、小学生時代に英検2級を取得した生徒が、高校に入ったら勉強がつまらなくなってやめてしまい、どの大学にも入れなかったなどという話は、受験業界にはものすごくたくさんあります。

でも勉強をするという体質を作り、漢検3級に合格したから次は2級を目指そう、歴史も勉強してみようなどと、いろんな学ぶ機会を与えて努力するならば、体質作りとして意味があります。その検定自体にある意味というのはつまり、体質作りなのです。

私の場合、昔から文章を書くのは好きでした。それは母が文章の書き方の基本を教えてくれたのがきっかけだったように思います。教えてもらったことは本当の基本だけですが、そこから自分の好きな作家の文章などを研究して、もっとうまく書けるようになりたいと調べて書いていました。今思うとこれが勉強体質でした。下手な文章しか書けないとイライラするのです。体質が許さないのですね。

体質を作るために、ある程度は親がいざなってあげないといけません。最初から本人があれをやる、これもやるということはないのではないでしょうか。そして、始めてみたけれども本人が嫌だと言ったら、無理強いはやめましょう。本人が面白くないのですから続かないですし、ストレスになります。小さい頃から嫌いなものを増やしても意味はありません。嫌だと言ったら「じゃあ、何しよっか」と別の機会を提示してみてあげてください。

私は剣道と野球は続きました。文章も続きました。絵は1か月でやめました。習字はもっと短かったはずです。そろばんは小学校の間はずっと習っていました。いろんな機会を与えて、もっと伸びたい、もっと勉強してみたいという体質を作ることです。

どんなことでも一度やらせてみるのは親の仕事。その後何度かやらせて、子どもが嫌だと言ったらそれは本人の意思を尊重してあげましょう。そのうち、勉強に飽きてまったくしなくなったとしても、この体質ができあがっていると、「できない自分」が気持ち悪く感じるはずですし、ちょっとしたきっかけで始めるようになります。そしてそのきっかけの多くは教員や友達が与えてくれることになります。

勉強体質とともに知っておきたいものに「記憶体質」がありますが、それについては次の項でお話をすることにします。そして、この二つの体質を持っている子が、受験において失敗することはほとんどありません。

知らないんだから覚えておこう

この子は伸びるな、どこに行ってもやっていけるなと感じる子は、勉強体質と記憶体質が身についている子です。東大に合格するというレベルは言うまでもないのですが、それ以後の人生においても、努力して自分のレベルを上げながら生きていくという子たちです。わからないものをわからないままにしておくと気持ち悪い、知らないものを知らないままにしておくと気持ち悪いという体質の持ち主です。そしてその体質を作るために、比較的早い年齢からスタートしたほうがいいと思っています。

私がここで書いているのは、その体質作りを親がサポートしてはどうでしょうかということです。言うまでもないことですが、親自身もこれからその体質を作っていくと、家庭全体が勉強体質・記憶体質になって、非常に良い影響を子どもに与えることになるでしょう。

勉強体質というのは、自分で楽しいことや新しいことに出会うと、調べてみようかな、知っておこうかなという気持ちになる体質です。そして自分のレベルを少しでも上げたいと思う体質のことを指します。多くの大人は持っているものですが、しかし持っていない人もかなりたくさんおられます。仕事に忙殺されて勉強をしようとしない大人が日本には極めてたくさんいると報じられたのは2017年でしたでしょうか。政治についても経済についても何も知らないし、年間に本を10冊も読まないという人がたくさんいます。その人の子どもがいくら塾に行ったとしても、勉強体質を獲得することはほとんどないでしょう。

この、もっと知りたい、知ろうとチャレンジする行動が勉強体質です。対象はなんでもいいのです。これが身についていれば、学校の勉強、受験勉強、その先の勉強も面白がってやることができます。

また自分で調べていくうちに、「あ、これは覚えておいたほうが後で役に立ちそうだな」「知らなかったこの話は覚えておこう」と考えるのが記憶体質です。

この体質を小さい頃に身につけていると、思春期で多少やる気がなくなったとしても、知りたいことを知ろうとする、行ったことのないところへ行こうとする、覚えていないことを覚えておこうとする、学んだことのないことを学んでみようとする気持ちが脳に染みついているので、勉強を本格的に始めると強いのです。

勉強体質と記憶体質を子どもが身につけさえすれば、親の子育てに関する仕事はほとんど終わったとも言えるのではないでしょうか。その後は子どもたちが自分の足で歩いていくからです。

継続して勉強できる子どもとは

正しい勉強をすれば、誰でも東大に入れると私は思っていますが、勉強体質のない人が、急に東大に行きたいと思ってもかなり厳しいものです。そもそもの体質が遊び中心になっている人の場合、その体質を変えなくてはいけません。なぜ遊び体質が駄目なのか。

勉強において、もっとも重要なファクターである「継続」ができないからです。我慢しながら勉強しているようでは継続できるわけがありません。学びを楽しめるようでないといけません。そしてこの体質は大人になっても続きます。やると言ってもできない体質になってしまっていますので、たとえば「今年は英語をやるぞ！」と思ったとしても、普通は長続きしません。勉強体質の人の場合、「いつまでにこういうことをやろう」などと計画を立て始め、実際に継続しますし、挫折する自分がみっともないことを知っていますので、あれこれ工夫をして、自分の甘さを乗り越えようとします。

物事を継続するにはこの二つのパターンが必要だと思います。

1. それをやることが楽しい・得だ・幸せだという気持ちを持っている

2. それをやらないと大変なことになるという強迫観念を持っている

この二つが揃うと人間は継続しやすいのです。たとえば社会人になってなんとなく英語を勉強しようという人は多いですが、続かない。それは、楽しくもなければ、やってもやらなくても大きくは変化がない、問題がないからです。ただ、なかなか1のパターンを身につけるのは難しいです。なぜなら楽しめるためには、ある程度のレベルにまでなっていなければならないからです。下手なのに、点数が悪いのに、負けてばかりなのに、楽しいということは普通はありません。だから子ども時代に親が一緒になって学ぶ姿勢を作ってあげる、一緒になって覚えようとしてあげることが大切なのですね。塾に放り込んだって駄目なのです。勉強体質ができあがっている人は、勉強しない自分に対して恐怖心を覚えるんですよね。つまり2のパターンです。「自分はこんなに勉強しなくて大丈夫なのか?」と。そういう意識が勉強に向かう土台になるのです。もちろん、1の要素、つまり英語の勉強が楽しくてたまらない、数学の問題なら何時間でも解いていられるとなると強いですよね。親ができるとしたら、その体質を子どもに身につけさせることです。どうすればそういう体質を身につけさせられるのか、それは子どもの頃からの習慣作りとしか言いようがありません。机の前に座るだけでなく、さまざまな機会を親が子どもに与えることです。詳細は次の項で書きます。

主体的に勉強する子になるには

多くの親御さんが、親が言わなくても主体的に勉強するようになってほしいと言います。でもある日、急にそういう子になることはありません。

親の働きかけが必要です。

高校に入ってから働きかけたとしても、子どもはすでに親の言うことに従いません。人間の自我が芽生えるのは小学5年～中学2年生ぐらいの間といわれますが、その前までに、親と一緒に勉強体質・記憶体質を身につけることが大切です。「自分は自分、親は関係ない」となる前に、親子で「これができないから一緒にやろう」と共にトライする体験を積み重ねておくのがおすすめです。習慣作りですね。

算数ができないからもっとドリルをやりなさい、塾へ行きなさいということではありません。「このパズル、面白そうだから一緒に解いてみよう」と一緒にやるイメージです。そこで知らないことを知る面白さや、できないことができるようになる楽しさを知った子どもは、少しずつ手を放しても自ら同じように楽しいことを探していけます。できないのに放置するのが気持ち悪い体質になってきます。

最初から主体的にできる子はいません。親が初期段階でサポートして、途中まで連れていってあげることは必要です。

たとえば、野球を主体的に練習する子がいたとしても、最初は親がテレビ中継を見せたり、野球観戦に連れていったりしているはずですからね。何もないのにいきなり野球の練習を自分からやる子はほとんどいないはずです。

勉強し続ける方法は親が教えてもいい

学校の勉強に限らず、続けることは、人間にとってなかなか大変ですよね。社会人になっての資格の勉強、エクササイズ、ダイエット、ブログ更新……大人でも続けるのは簡単なことではありません。三日坊主ということは誰にもあります。

そんなとき、皆さんはどうしていますか？

もし自分を管理するうまい方法を知っていれば、それを子どもに教えてあげるのはいい考えだと思います。学校では勉強自体を教えてもらっても、スケジュール管理やモチベーションの保ち方などはなかなか教えてもらえません。人生経験の長い親が「私はこういう方法で、やることを忘れないようにしているよ」などとお手本を見せてあげてはいかがでしょうか？

私は手帳を使って自分の「継続」を管理するようにしています。また、常にスマホを横に置いて、今から10分だけはリスニングしようといった時間を作ります（スマホに入れたアプリでリスニングのトレーニングをしているのです）。人間がアクションを起こす際に大切なのは環境ですからね。英語学習において必須《ひっす》アイテムのスマホとイヤホンはそばに置いておけばいいのです。

学校の休憩時間は10分ですが、昼休みは40分あります。ご飯を食べながら、イヤホンを耳に突っ込みます。何度聞いたかわからないスティーブ・ジョブズやオバマ元アメリカ大統領のスピーチを聞いています。そしてリスニングをした日は手帳のカレンダーのところに○印をつけます。

大人のやり方を子ども（私の場合は生徒）に紹介し、時として一緒にやってみるというのは非常に良いことです。特に子どもがまだ小さいときには、親と一緒に勉強ができるのですから、楽しくてしょうがないはずです。

大人として社会を教える

学校というところは勉強を教えるところです。勉強法を教える場所です。しかし、生徒たちの多くは社会を知らないので、社会でどのように自分は生きるのかということについては考えが及びません。そこは親の出番です。

また、親が子どもともっと関わりたい、子どもともっと話をしたいと思うなら、子どもが知らない現実的な社会や数字を伝えることは良いことです。単に「社会は厳しい」と言われても子どもにはピンときませんからね。

たとえば、英語に関して。多くの子どもたちは「英語を話せるようになりたい」と言いますが、それではまだぼんやりした目標のため、努力し続けるのは大変です。しかし英語を話す人って世界中には（日本人を含めて）15億人もいることを伝えてはどうでしょうか。そうすると、世界人口が約78億人だから、20％の人が英語を話すことになります。親が英語が話せるのであれば、「君もその20％に入っておいで」と言えばいいでしょうし、話せないのであれば「自分もがんばってその中に入るから、君もやってみないか」と言うのもいいでしょう。

また、国が発表している都道府県別の平均年収の数字などを見せてもいいのではないでしょうか。くり返しになりますが東京都の50代と大阪府の50代では、10年間で2000万円近くの所得差があります。これが東京都と秋田県や沖縄県だとほとんど倍近い差になります。もちろん東京都で暮らしたほうが幸せだと言うつもりはありません。事実として示しているだけです。大学から東京に行って、そのまま企業に就職するなり、自分で起業するなりしている人が多いことをシェアしてもいいのではないでしょうか。

感情的に「勉強しなさい」と言われるより、頭に残り、勉強しておこうというきっかけになるように思います。私も授業の余談として、そういった話を具体的な数字を挙げて説明するようにしています。彼らが東京大学に進む理由は一つではないのです。さまざまな理由があって選んでいるのですが、収入に関してもかなり大きいファクターとなっています。そういった社会におけるさまざまな数字を示してあげることは、大人の仕事ではないかと思っていますし、それが彼らの勉強欲を刺激するのであれば、外発的動機付けにはなりますが、良いきっかけにはなります。

東大に入るのは難しくない

さて、最初の章では「親ができること」について書いてきましたが、最後に東京大学に特化して書いていきます。

まず知っておいていただきたいことは、さすがにこれまでまったく勉強してこなかった高校2年生や3年生が東大に入りたいと突然言い出した場合、それはけっこう難しいものです。でも中学生、ましてや小学生が東大に入りたいと言った場合は別です。正しく準備を始めたら、東大のレベルまでは確実に行けます。

まずやるべきことは相手を知ることです。

皆さんは東京大学のホームページを見たことがありますか？　そこにはすべての教授の名前やゼミが掲載されています。大学院に関しても同じです。これを親子で見て、東大に行けばどういう勉強ができるのかを知っておくのは、受験勉強の良いきっかけ作りになります。

東大のこの教授から物理学を学べるねと子どもと話すことで、子どものイメージは具体化していきます。これは別に東大じゃなくてもいいのです。学びのスタートは「やってみたい」という気持ちなのです。何も知らないで、単に「東大！　東大！」と言っていても長続きしません。そこに入って自分も勉強したいというピュアな気持ちがあれば最強です。

皆さんも社会人になるとき、採用してもらいたい会社のホームページぐらいは見ましたよね。あれと同じ感覚で、まずは東京大学を知ることです。そして東大に入ってどういうことがしたいのかを、親子で話し合うことです。

あまり知られていませんが、東大には東京大学憲章というものが存在し、その憲章にもとづいて学生を募集しています。それを読めば、東大がどういう学生に入ってきてほしいのかがわかります。そういうものも読まずに東大に行きたいと漠然と思っていても、努力し続けるのは難しいでしょう。自分の生徒にも、東大を志望する子には、必ず東大憲章を読むように勧めています。

東大が求める人物を知れば強い

東大の特徴的なところは、文系で入っても途中で理系にいけるし、その逆もあるということです。大多数の他の大学と違い、入学した後に専門分野を決められます。それは東大がマルチに教養や知識がある学生を求めているためではないかと思います。東大憲章を読むと誰でもわかりますが、受験対策をしてきたような、やっつけの知識しかないような学生には入ってきてほしくないのです。むしろ、なんの対策もせず、英語も数学も物理も化学も生物も歴史も地理も全部浅く広く勉強してきて、そのなかから自分は何を学ぼうかとキラキラしている人に入ってきてほしいのです。

だから中高一貫校の多くは、特に東京大学の合格者を輩出しているような進学校では、東大対策的な授業をほとんどしていません。むしろどんな出題をされても対応できるような指導をしているところがほとんどです。

たとえば東大の二次試験では、文系なら社会が2教科、理系なら理科が2教科必要となるため、文系の子は理科をあまり勉強しないのが普通ですよね。理系の子はあまり社会を勉強したがらない。しかし、英語のリスニングで物理や地学をテーマにした内容のスクリプトが流れることがあります。文系といえども、学校でちゃんと教わっていますよね、ちゃんと勉強してきましたよねというのが東大の言い分なのです。浅くてもいいので、広く全教科を頭に入れておかないと入りづらい学校です。

受験生側も、そしてわれわれ教員も、東大がどういう生徒を入学させたいと思っているのかを知らないといけません。それを知るからこそ、ではどういう勉強をすれば入りやすいのかがわかるのです。東京大学にお子さんを入れたいと思われるのであれば、一度その東大憲章を読んでみてください。

コラム

教え子エピソード④

D君のお母さんが癌《がん》と診断されたのは、彼が高校2年生のときでした。柔道部に所属して、毎日練習に明け暮れていたD君の成績は、東京大学に合格するにはかなり物足りないものでした。秋の保護者面談の際に、「実は私、癌なんです」とおっしゃったときには、私自身がどう返事をしていいのかわからず、黙ってしまいました。

彼には伝えてあるんですかと尋ねますと、「伝えてあります」と。東京大学でなくてもかまわないけれども、どうしても大学生になった彼の姿を見たいとおっしゃいます。そして、親として一生懸命に生きる姿を見せたいとおっしゃった彼女は、D君が見事に逆転合格を勝ち取った春からおよそ2か月後、天に召されました。

最後まで部活動をがんばりながら必死に努力をしたD君の東京大学の合格通知を、彼女はどんな気持ちでご覧になったのでしょう。親は子どもに生きる背中を見せるものだということを、改めて思い知らされました。

第2章

早期教育・お受験の落とし穴

中高一貫校の不都合な真実

中高一貫校の人気が高まっています。終身雇用制が崩壊し、大企業に入れば安泰という構造も揺らぎ、学歴が関係なくなると言われながらも、難関中高一貫校の人気は高まるばかりです。先行きが見えないからこそ、まずは小学生のうちに塾に入れて、中高一貫校に入学させて安心したいという親が多いのでしょう。最近では公立の中高一貫校も増えてきましたね。おそらく東京大学の合格者数の多くを私立の中高一貫校が占めていますので、特に公立が強い地方の県では教育県になるために中高一貫校を作って、東大とは言わないまでも難関大に県民を送りこもうとしているのです。私も何校かの公立の中高一貫校を訪問し、校長先生とお話をさせていただいています。彼らの意気込みは非常に強く、自分たちの学校から東京大学合格者をたくさん出すぞという気概が見てとれます。素晴らしいことだと思いますね。

ただ、中学受験をする子の親の中には、中高一貫校に過度な期待を抱いている人もいます。多くの親が、偏差値の高い中学・高校ならば間違いなく我が子に充実した時間と学力を与えてくれる、少なくともその可能性が高くなると思い込んでいるはずです。確かに前述のとおり、難関大学に多くの卒業生を送り込んでいる中高一貫校を見るにつけ、我が子もと思うのは無理のない話です。だから多少子どものお尻《しり》を叩《たた》いてでも、進学校に入れてしまえば、その後は学校が子どもを育ててくれるはずだと考えているのでしょう。逆にそういった学校に入れなければ、この子の人生は失敗してしまう可能性が高いと強迫観念を持つ方も少なくありません。

しかし、実際はそんな単純な構造ではありませんし、一度入ってしまえばその後は楽になるといった桃源郷は存在しません。

日本で超難関校の一つと言われる灘校に勤めて23年になります。灘校は制服もなく、厳しい校則もなく、自由な校風の良い学校ではあります。

しかし世間から見た難関中高一貫校のイメージと、実情は異なる部分も多々あります。「東大に90人合格」といった華々しく見える事実の裏には、見えない現実もあります。そしてこれは灘校に限ったことではなく、私の知り合いが勤める多くの超難関校でも起こっていることなのです。それを知っておくことは大切なのではないでしょうか。

中高一貫校の良い面は世の中に出回っても、マイナス面はご存じない方も多いと思いますので、表には出づらい実態もお話ししていこうと思います。合っている子もいれば、そうでない子たちもいて、そうでない子の場合はかなりかわいそうな状態になります。そしてその多くの原因は親であることが多いのですね。それを踏まえて、本当に中高一貫校を子どもが目指すべきなのか、ご判断いただきたいなと強く思います。それが、当の本人である子どもが本当に充実した人生を送れるかどうかに関わってくるからです。

スタートラインで疲弊している子どもたち

灘校に限らず、超進学校の先生が口を揃えて言うのが、「入った段階ですでに疲弊しまくっている生徒が多い」ということです。楽しいはずの中学・高校生活がこれから始まっていくのに、スタートラインで疲弊している子どもたちです。これから42・195キロメートルのマラソンを走ろうというときに、徹夜続きで寝ていませんというようなものです。これでは学校生活を楽しむことも、新しいことを学んでいくことも不可能ですよね。合格の瞬間に真っ白な灰になってしまい、持続的に勉強し続けられる体質になっていないのです。

もう一つは、そもそもゆっくりやるのが合っている大器晩成型の子どもなのに、中高一貫の進学校がいいだろうという親の思い込みにひっぱられて、なんとか中学受験に合格するよう作り上げられて入学した子どもたちです。中高一貫校には入ったけれど、やはりついていけなくなってしまうのです。全速力で走って、なんとか中学に入ったのに、そこからまたものすごく速いスピードで走り続けなさいと言われたら、人間もちませんよね。

世にあまり出ない事実として「私立の中高一貫校で落ちこぼれ、自信を失って伸びない子」、そしてその裏返しとして「中高一貫校ではない公立に行ったからこそ能力が伸ばせた子」は実は多いのです。

教え子エピソード⑤

E君は入学してから、宿題の提出も小テストの勉強も、そして定期考査の勉強もまったくしません。成績は学年の最下位。入試の成績は学年の上位だったので、これは何かあるなと思って面談してみると、「もう勉強はうんざり」とのことでした。

学校の勉強だけではなく、興味のあることを自分で研究するのも勉強だし、スポーツや芸術に勤《いそ》しむのも勉強だよと言っても「もう勉強はうんざり」と言います。まだ12歳の彼は、結局せっかく合格したのに退学していきました。E君は極端な例ではありません。上の学校で学ぶために準備するのが受験勉強です。受験勉強は準備でしかありません。なのにその準備で疲れ果てているE君のような子を見るたびに、受験制度を含めて、やはりこの国は何か考えなければならないのではないかという思いにかられますね。

難関校に入っていなければ幸せだっただろうなという生徒

中高一貫校に入らなければ、もっと伸びていただろうなという生徒が多数存在するのは、そういった学校の多くの教員が感じている事実です。灘校だけではなく、全国の他の進学校でも同じことを耳にします。中学1年生や中学2年生でこの学校には合わないと気づいた場合は、公立中学校へ転学していく生徒もいますし、それは決して挫折《ざせつ》ではありません。向いていないのですから、向いているほうに行ったほうが幸せに決まっていますよね。でも、お父さんとお母さんにとっては、我が子は落ちこぼれたとがっくりされます。

親戚や周りの人からの祝福を思い出し、なんとか思いとどまらせようとし、傷口を広げてしまうのです。そもそも向いていなかっただけの話です。能力の高い低いではないのです。ゆっくりしたペースで勉強したほうが向いているという子どもはいるのです。そしてゆっくり学んだお陰でより深く勉強ができるようになり、したがって東京大学をはじめとする難関大学に合格する公立高校の子たちは極めて優秀だと言われています。東京大学の先生方の中には「公立からきた学生のほうが優れている」とおっしゃる方もおられます。

中高一貫校の教員自身には、授業を速く進めている実感はないのですが、公立の学校に比べると授業のスピードは速いです。単位数が多くなりますし（灘校は多くないですが多い学校のほうが多数派）、そもそも教科書を全部やろうという意識がなかったり、必要なことだけ教えればいいという考えでいたりするからだと思います。それに、どうせ6年間いるんだったら公立では高校で習う内容でも、中学のうちにやっておこうという場合もあるのです。

私が受け持つ英語の場合、中学3年間の勉強は、中2の秋で完了します。それが心地よい生徒もいますが、こういったスピードが合っていない子もいます。子どもの性質を無視して、無理に速いスピードに合わせようとすると、その子にとっては不幸な結果になります。私は速く進もうという意識はまったくありません。だいたい真ん中より下の子、全体では中の下ぐらいのレベルに合わせて進めるようにしています。それでも教科書の分量はあまり多くないので、そういう速度になってしまうのです。『新ユメタン⓪』や『5－STAGE 英文法完成』といった単語集や文法問題集を併用しながら進めているのですが、それでも中2の秋ぐらいには中学の分量がすべて終わってしまいます。

自分の子どもがどちらなのかを見極めるのは正直難しいはずです。ただ、親が勉強しなさいとずっとお尻を叩くようなやり方で受験をする子は、そういった学校には合っていないと考えてもいいかと思います。前章で書きました勉強体質・記憶体質があまりできあがっていない子どもを無理やり中高一貫校に入れたら、安心どころか、悪影響があるかもしれないというのは知っておいてください。積み残した荷物が多くなってしまうのです。英語だけの荷物ならまだしも、数学も国語も積み残してしまって、もう精神的に追い込まれてしまう子どもたちもいます。

東大合格者の人数ばかりが表に出ますが、灘校の一学年約220人のうち、だいたい半数が浪人し、2浪目に入る生徒も20人ぐらいはいます。その中には3浪や4浪になる子たちもいます。よく「灘校は落ちこぼれであっても早慶ぐらいには行けるんでしょ」というようなことを言う人がいますが、事情を知らない人は無責任にそういうことを言うんだなぁといつも思っています。何浪もしているのに関関同立や地方国公立大に合格しない子たちがいるのに。

速度だけが問題ではありません。中高一貫校の多くは6年間入試がないのです。内部での試験がある学校もありますが、少なくともあのぴりぴりするような入試がないのです。いくら小学生のときに全国でも上位に入るような子であっても、高校入試のために一生懸命に努力している子に比べると、やはりのんびりしてしまいますよね。まして、だれてしまって勉強しないような子の場合、高校入試を経験した公立の上位校の生徒のほうが明らかに成績が良いということになります。

それならば、中高一貫校に無理に入らず、公立の中学校へ行き、高校の上位校を狙ったほうが本人にとっていい結果になったのではないかと思うこともあります。誤解のないように言っておきますが、灘校はとてもいい学校です。しかし、残念ですが、入ってくる時点で学ぶ意欲がない生徒、疲弊している生徒、入ってからゲームばかりして勉強が手につかない生徒、慌てて塾に通い出すもそもそもやる気がなくなっているのでお金と時間を浪費しているだけの生徒……こういった子たちにとって、中高一貫校って実際どうなんだろうと思わざるを得ません。

教え子エピソード⑥

F君は入学してから新聞を毎朝読み、社会の動きを勉強していました。将来は新聞社に入りたいという目標を設定し、学び続けていました。高校入試がないのを利用して、中3から高1にかけての休みには一人でアメリカに行き、東海岸をぶらぶらと散歩していたそうです。英語が通じないのが悔しくて、帰国後はTOEICに挑戦するために、授業だけでなく自分で英語の勉強を始めることになりました。

高校2年生のときにはTOEICが900点を超えたので、そこでもう十分と判断し、今度は中国語とロシア語の勉強を始めます。実際、東京大学を受験する際にはロシア語を選択し、前半は英語の試験を受けましたが、後半はロシア語の部分を解いて合格しました。

学ぶ意欲があれば中高一貫校は非常にいい環境だと思います。F君のようにその学校がゴールなのではなく、もちろん東大がゴールなのでもなく、自分の力を伸ばそうとしていろんな経験を重ねるのには、中高一貫校は向いていると思いますね。

人間はいつまで続くかわからないマラソンを走っているようなもの

読者の皆さんも私も、人間は皆、人生というマラソンを走っているようなものです。しかも、いつまで続くかわからないマラソンです。

幼少の頃に人より早くダッシュして、先頭にいると有利な感じはしますよね。子どもが先頭の第一グループに入っていると親は安心します。そして、ずっと子どもを第一グループに置き続けたいと思います。だから先頭集団にいても「もっとやれもっとやれ」と追い立てます。ではその子が第一グループのままゴールするかというと、どうでしょう。

普通は疲れてしまいます。疲れるということを親は、教員もですが、知っておくべきです。中高6年間だってマラソンと同じです。灘校で成績スーパートップにい続ける子には、2パターンあって、人生を楽しんでいる子とガムシャラに勉強している子です。後者の子はだんだん順位が落ちてきます。それは能力の問題じゃありません。疲れてしまうからですね。私たち教員はそうならないように、たまには手を抜きなさいと言います。そんなに走っていたら疲れるでしょと。もっといろんなことをしなさいと言うのです。部活動をやるもよし、旅行をするもよし。机上の勉強だけをやっていても疲れてしまうし、そもそも人生で何がしたいのかが見えてこないのですね。経験値を通じて、人生の目標が見えてくるというものです。ひたすらダッシュしてばかりいては、風景が見えませんし、自分の嗜好《しこう》も見えません。

大学受験が近くなってくると、今まで第二グループや第三グループにいた子が徐々に上がってきます。そういう子は机上の勉強は全力ではしてこなかったとしても、好きな本をたくさん読んだり、自分のやりたい研究をしたり、ボランティア活動に励んだり、行ったことのない場所に出かけていったりと、勉強体質を維持してきたのです。いよいよ受験が見えたとき（具体的に言えば高校2年の秋頃です）に、英語の欠けているところをやってみようか、数学のやっていなかった箇所をやってみようかと考えるようになり、力を発揮できるのです。そういう子たちも勉強をまったくしていなかったわけではなく、授業は欠席なく受け、定期考査では平均点以上は取ってきたわけです。上位ではなかったにしても、勉強体質だけは維持してきた子たちなんですね。

まったく疲弊していないし、むしろ「そろそろ全力出そうかな」というタイプの子たちです。こういう子たちは強い。塾など行ったこともないけれども、志望大学に向けてエネルギーを溜《た》めてきたようなタイプなのです。

ひたすら勉強だけをしてきた子、もっと悪いのは勉強をさせられてきた子ですね、そういった子たちは伸び悩みます。受験は、もっと言えば人生は、マラソンなのです。ペースを考えずに、全力で走っていると心も体も疲れてしまうのですね。

灘校にトップ入学した子は東大に行けるのか？

毎年難しい受験をくぐり抜けて灘校に入ってくる中学生は、その時点では日本全国でもトップクラスの学力を持っていると言えます。

ただ、その優秀な小学生だった子どもたち全員が、6年後に東大の約3000人の枠に入れるかというと、そうではありません。灘校の東大進学率が高いといっても、合格者は多い年でも現役で70~80人。残りの150人は行けないのです。もちろん、あえて東京大学を選ばない子もいますが。

首席に近い成績で灘中学校に入ったとしても、授業についていけず、結果的にどの大学にも行けない生徒もいます。最終学歴が高卒という生徒もいます。決して一人二人の話ではありません。小学生のときのレベルを考えれば、その割合はけっこう高いのではないかと思います。

だから中学入学時の学力では、東大に入れるかどうかはわかりません。現実として、中高一貫校に入ったら安心ということではないのです。

中学受験の場合、塾が練りあげたシステムにのっとって、徹底して作りあげられた子がいます。自分で自分を作ったわけではないので、どこかで限界が来ます。

塾へ行っても主体的に勉強している子どもは問題ないのです。本人はイヤイヤ塾へ行って、とにかく親にお尻を叩かれて、超進学校を受験して受かったような場合、親御さんは嬉《うれ》しいとは思いますが、入ってからとても苦労する子どもが多いのです。

そうはいっても灘校のような難関校に入学できるなら地頭がいいから、賢いから大丈夫、そのまま勉強を続けていく子どもになると巷《ちまた》では思われていると思います。

しかし灘校に限らず超進学校の先生たちが一様に言うのは「作られた子はしんどい」ということです。学ぶ気持ちのない子にとっては、かなりきつい環境だと思いますし、そうであれば公立中学校から公立高校へ進み、のびのびと、ゆっくりと、自分を高めていくコースが向いているんじゃないかと思いますね。

中高一貫校に合格した貯金では到底足りない

中学入学時は全国トップクラスの子でも、現役で東大に入れるのは約3分の1、多い年度でも半分もいません。彼らは灘校に入学後、経験値を増やし、知識を増やし、論理的思考力を涵養《かんよう》したから東大に入学することができるのです。小学生のときの学力の貯金だけでは東大には行けません。

では現役で東大に合格する70名とはどんな生徒たちか？

もともと頭が良くて灘校に入学した上位70名ではありません。

大学受験は教科も多く、圧倒的に試験範囲が広いため、付け焼き刃な対策では太刀打ちできません。むしろ対策的な勉強は、東大がもっとも嫌うものです。それは東大憲章を読めばわかります。比較的長いスパンを安定した計画にのっとって、そして安定した気持ちで過ごさないといけません。

小学校で疲弊してしまっている生徒は、中学に入ってもがんばるぞ、とはなりません。それまでにがんばり過ぎて、気力がもう湧かないのです。

合格通知を受け取ったら、やれやれこれで勉強から解放されると、春休みにはひたすらゲームに勤しんでしまう。実はそういう子が大半なのです。受験直後は疲れ切っていても、4月になって新しい学校生活をがんばろうとなればいいけれど、切り替えができない子どもたちが多々いるのが現実です。

親はそういう様子を見て、また塾に入れればなんとかなるんじゃないかと思い、今度は難関大にたくさんの生徒を送り込んでいますよという宣伝をしている塾に入れ、ますます子どもたちは疲弊します。こんなことでまともな子どもが育つわけがありませんよね。

たいていの塾は経営が大変ですから「うちに来ないと大変なことになりますよ」という言い方をして生徒を集めます。親とすれば塾に通わせないといけないと思うんでしょうけれども。むしろ上位層の子たち、東京大学にすんなり入る子たちは、そういった塾に中学から通うことなどほとんどないのを親たちは知らないのですね。

大学受験前にぐんと成績が伸びる子ってどんな子か

合格できる生徒とはどういう性質を持っているのでしょうか。勉強体質や記憶体質についてはすでに述べたとおりです。

まず、各試験を最低限の勉強で効率良く受かろうと対策するメンタリティの子は伸びません。たまたま合格する子もいますが、ほとんどの子は伸びませんし、「東京大学までの人」の典型的なタイプとなってしまいます。

大学受験前になって成績が上がってくるのは、それ以前に安定して文章を読んでいる子、自分の好きなことに夢中になっている子。最上位でなくても安定して授業中のテストなどでも点がとれる子、定期考査で常に真ん中ぐらいまでにはいる子、というような生徒です。これは、必死に勉強するというような、つまり短距離走的な勉強をするというよりも、長距離的に勉強する習慣が身についているということです。とりあえずは課題ができる子、テストがあるというと勉強ができる子です。学校はそれほどたくさんの課題を出すわけではないので、昼休みや休憩時間に終わらせる生徒もいます。小テストなどは授業中に勉強してしまう子もいます。行き帰りの電車の中で集中して終わらせる生徒もいますし、朝早くに登校して勉強する子もいます。必ずしも家で勉強しているわけではありません。こういった子は最終的にはなんとかなります。加えるとすれば、遅刻や欠席がほとんどない子です。こういった子は親や子どもの自己管理力が高いので、伸びてくるのです。

家で勉強するわけではないので親は「こんなことでいいのでしょうか」と心配するケースが多いのですが、実際に教えているわれわれからすれば、

①提出すべき課題はすべて提出している
②日々の小テストではたいてい合格している
③授業中の態度はまったく問題ない

という三つの要素を備えている生徒については、まったく心配いりませんと返事をすることになります。

逆に普段は勉強せず、定期考査が近づいてきたときだけ、突貫工事でやるような生徒はあまり伸びません。定期考査はだいたい1か月半に一回しかないのです。1か月半に一回しか勉強しない生徒が伸びるわけがないですよね。そういう生徒の場合、定期考査が終わったら全部忘れてしまったというような特徴があります。それでは伸びません。安定して脳に知識を刷り込み、それを使って知恵を働かせて論理的に考える生徒が伸びるのです。

大学入試というのは、範囲がめちゃくちゃ広いのです。高2までに勉強してこなかった子が高3からがんばろうとしても、間に合いません。東京大学などの難関大学の場合は特にそうです。

たまに高3から勉強して間に合った人が合格体験記を書いて「高3からでも大丈夫」とい

ったような内容を紹介することがあります。そして、それを忠実に守って、入試に落ちる人が実は多いのです。たった一人の特殊な体験に騙《だま》されないようにしてください。近道はありません。

勉強だけをしている生徒より成績がいい生徒とは

東大に限らず難関大に受かる生徒は、学校の勉強以外に、自ら極めようと打ち込む対象を持つ場合が多いです。たとえば教え子のA君はプログラミングが好きで、休み時間になると鞄《かばん》からPCを取り出してキーボードを叩いていました。B君は気象予報士の勉強、C君は英語以外の言語を勉強、D君は野球部のキャプテンをやっていました。彼らは、学校でやれと言われていることではなく、やりたいと思っている勉強をやっていました。空いた時間はそこにパワーを注ぎ、学校の勉強や受験勉強もそれなりにやっていた彼らは、いざ受験が本格化したときに強かったのです。

なぜか。それは勉強体質が身についているからです。何度もすみませんが、大切なことなので再度触れます。

単にゲームで遊ぶ子と、やたらパソコンに向かってプログラミングをしている子、一見似たような行動に見えますし、どちらも受験には役に立たなそうですが、明らかに違いが出ます。後者は、全然知らないところから自分で本を買ってきたりネットで調べたりして勉強をします。面白そうなプログラムを組んだり、役に立ちそうなプログラムを考えたりします。何もない、本当に知識がゼロの状態から自ら調べていく勉強体質が身についているのです。受動的にゲームをやっているのとはまったく異なります。

勉強体質が身についている子は、大学に行ったらどういう勉強をしてやろうかなとか、大学に入ってもこれをさらに進めて勉強してやろうなどと考えます。つまりそういった子たちにとっては、大学入試は単なるステップであって、まったくゴールなどではないのです。親が入試を見てやきもきしているとき、本人は入学後を見ているのです。そういう子はたいてい合格しますし、勉強計画だけをチェックしてやれば、あとは自分でその計画にのっとって勉強をします。家に帰ってから何をしようかなと考えることもなく、計画表とにらめっこしながら、淡々とタスクをこなしていきます。

C++
Java
Unreal Engine
Unity
PROGRAMMING
GAME

中高一貫校へ入るなら、入った直後の中1、中2がもっとも大事

進学校で教師をしていると「キムタツ先生の生徒たちは勉強体質ができている子ばかりでしょう」とか「勉強が好きな子ばかりですよね」などと言われることも多いのですが、そんなことはありません。周りから勉強しなさいと半ば強要されてきたような生徒は、強要されなくなったとたんに勉強から離れていくのです。中学に入学したとたん、ゲーム漬けになる子どもも珍しくありません。真っ白な灰になってしまって、かわいそうな状態になっている子もいます。

だからこそ、われわれ教員も中1や中2の早い時期から、生徒に勉強体質を身につけてもらうよう指導します。高3が大事な時期でしょと言われるのですが、実はそうではありません。前述のとおり、高3になってからがんばっても手遅れです。それよりも、中1や中2のころのほうが圧倒的に大事です。体質を獲得させることが大切だからです。

中1、中2の頃はそれなりに宿題も出ますし、小テストも頻繁にあります。それが中3以降は少しずつ減っていきます。勉強すべきことが人によって違ってきますので、一様に出す

宿題には意味がなくなる時期がやってくるのですね。全員が同じ基礎を学ぶ中学の初めで勉強する体質ができていれば、この生徒たちは大丈夫だなと考えます。体質がそこで作られないとどうなるか。宿題や小テストが減ってくると「これは楽になった」とばかりに遊んでしまうのです。やるべきことをやるために自由な時間を与えているのに、その時間に遊んでしまうとどうなるかはご理解いただけると思います。言うまでもないですが、中1や中2が大事だからといって、子どもの意思に反して塾に通わせても全く意味がありません。疲弊するだけです。学校でやるべきことをしっかりとやるのです。

別に塾に行くことを否定しているわけではないのですが、昼間に勉強している子たちが夜にも勉強するとどうなるのかを考えてもらえればわかるのではないでしょうか。健康的に生活することができず、結局は圧倒的に長い時間を過ごす学校で居眠りをし、夜になると疲れて塾に行き、学校の宿題やテスト勉強をする時間もなく、結果的に時間とお金の無駄遣いとなるわけです。親はそういう部分をよく考えないと子どもたちがかわいそうです。彼らは人間なのです。ロボットではありません。疲れ果てている子どもたちを見るにつけ、われわれは心が痛みます。

○歳までにしないと間に合わないという強迫観念

早期教育が必要かと問われれば、焦る必要はないと答えます。

世の中のすべての教材や塾に共通するのが、強迫観念に訴えかけてくるということです。「これをしないと●●できない」というものです。進学校の生徒が多く行っている塾などでも「うちに来ないと東大には受からない」などと言って生徒を集めています。強迫商法ですね。

教育界ではこの強迫商法がまかり通っていますが、教育のプロであれば誰でも「そんなことはありえない」と強く言うことでしょう。また、灘校に来なくても、公立の中学や高校でも、きちんと勉強していける生徒は東大に受かります。「○○しないと受からない」などという宣伝文句があれば、真っ先に疑いましょう。したがってこの本でもそういったことは書いていません。これをしないと合格しない、これをすれば合格するというようなものは存在しません。安定した勉強体質・記憶体質を長期のスパンで身につけること、そして心身が健康であることが大切なのであって、何か一つのことをいち早くできるようにすれば合格するなどということはありえません。

英語の早期教育も同じです。幼い頃から英語の勉強をやっていないと身につかない、音が聞き取れないなどは、ありえません。

私は中学から英語の勉強を始めました。他の多くの英語の専門家は幼少時から英語なんて勉強していません。Google の元副社長の村上憲郎《むらかみのりお》さんも、社会人になって初めて英語をちゃんと勉強したとおっしゃっています。それでも世界を股《また》にかけたビジネスをされているのです。

灘校に入学する生徒も、中学生になってから英語の勉強を本格的に始める子が圧倒的多数です。灘中学校の受験に英語が必要なく、受験科目以外に時間を割いている余裕がないことが理由でしょう。しかし、高校3年生にもなれば、NADA TED と私が呼んでいるスピーチで堂々と英語でプレゼンをしたり、アメリカの学生とディベートで戦えたりします。

冷静になるとわかることです。たかが英語の学習に遅すぎるということはないのです。世の中の20億人もの人が英語を話しているのですよ。

もし発音がネイティブに近くて、雑談が英語でできることが英語力のゴールだとするのなら、アメリカで英語をネイティブの発音でよどみなく話す人は、皆が東大の受験英語でも満点とれてしまうということになりますが、もちろんそうではありません。早期教育をする理由はいろいろあるとは思いますし、否定はしませんが、しなかったからといって東大に合格できないというものではないのです。子どもが喜んでやっていくような教育であれば問題ないとは思いますが、親が先行して学ばせようとするのは大きな間違いですし、お金の無駄です。

早くから英検を受けておくべきか

小学生向けの塾を経営されている先生方から相談を受けます。小学校の間に何をさせておけばいいでしょうかという相談です。

小学生向けの英語といえば英検ですね。英検の級をとれば英語ができると勘違いしている人もたくさんいらっしゃいます。「うちの子、英検2級とったのよ!」とフェイスブックなどに書いて「いいね!」をもらうような人です。

言うまでもないですが、英検2級をとっても一生通用する英語力が身についたわけではありません。英検2級ぐらいでは、海外に行ってもまったく英語は使えません。そして勉強し続けなければ、あっという間に英検3級以下のレベルにまで落ちていきます。

勉強し続けることが前提で英検をとるなら問題ありません。でも人より早くその級をとること自体には、ほとんど意味がありません。そのうち、周りも同じレベルに到達してきます。

受験で必要な場合もありますので、その場合には取得したほうがいいですが。過去問を思いきりやっていれば、確実に英検の級は取得できますからね（問題の多くは使い回しなので、旺文社の問題集をひたすらやっていれば同じ問題が出ます）。

高額のアニメの英語教材を買うことも同じです。子どもはアニメが好きですので、その商品には食いついてくるかもしれませんが、それと英語力向上とはかけらほどの関係もありません。

早くから英語教育をスタートする意義は

私が小学校の英語教育を担当するなら、小学校の間には英語の正しい勉強法を徹底して身につけさせます。そのうえで、自宅で勉強する習慣を身につけてもらいます。

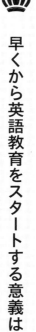

そして日本語の力を身につけるべく、読書習慣を身につけてもらう取り組みをします。母国語である日本語の土台がぐらついている状態で、外国語など積み上げることはできないからです。せめて1年間に50冊程度は最低でも読むような習慣を身につけて、学力全体の土台を作ります。それによって英語力だけでなく、それ以外の教科・科目の勉強の土台ができあがります。読むものはなんでもいいのです。できるだけ幅広いフィールドの読書をしたほうがいいのですが。

そしてその活動をしながら、身のまわりの単語を覚えたり、英語のルールを学んだりしながら、英語の文章が読めるようにしてもらいます。さらには身のまわりのことであれば、英語で書ける・話せるようになってもらいます。そうなれば、リスニング力についてはトレーニングの時間が取れれば間違いなく伸びてきます。皆さんは次の日本語を英語になおせますか。ちりとり・ほうき・ペットボトル・鬼ごっこ・ビニール袋・黒板消し・教頭先生・保健室の先生……こういった子どもたちの身のまわりのものをすべて英語で言えるようにしてあげるでしょう。そうすると子どもたちは面白がって「ではこれは何というのだろう」と興味を持ちます。自分で調べて覚え始めます。もちろん私は覚え方も教えてあげるでしょう。それがまた他の教科・科目に好影響を及ぼすはずです。英検は保護者が望めば受検させると思いますけれども、そこに合格させるのはそれほど大変なことではないので、あっさりとクリアし、もっと高尚なことに英語を使えるように指導するでしょう。そのためには日本語の勉強や社会の勉強が欠かせません。この社会の勉強の中には医療のこととか政治のこととか宇宙のこととか、さまざまなことが含まれます。そういったことを日本語で学び、少しずつ英語力を日本語力に近づけることをやっていくはずです。

英語の力を身につけるのはそれほど難しいことではありませんが、小学生が自分でそれをやるのは簡単ではありません。週1回であっても、指導者が学習をチェックする取り組みをするのは大切で、そのためなら英語のスクールに行くのも効果があると思います。英検などは単なる一里塚でしかありません。一里塚として利用するのであれば問題ありません。

小学校から真面目に英語の勉強をやれば、かなり英語力は高くなります。が、正しい方法でやらないと意味がありません。それに英語力だけが上がっても意味がありません。大切なのは英語で何をするのかであって、通訳者であっても何でも話せるわけではないのです。自分がどういう分野で生きていくのかによって、使う英語が異なるのですから、英語よりもそちらの勉強を、そして読書をしておくことが大切だというのはおわかりいただけるのではないでしょうか。そして東大はそういった勉強をしてきた人を求めているのです。

教え子エピソード⑦

ここに書くGさんは厳密に言えば私の教え子ではありません。講演を依頼されて行った地方のある高校の生徒です。Gさんは講演が終わって帰ろうとする私を正門のところで待っていてくれました。どうしたのと聞くと大粒の涙。彼女が高1の秋です。

成績を伸ばして東大に行き、私を笑った人たちを見返したいと言います。

私は困りました。東大はそういうためにあるわけではありませんし、おそらくGさんが東大に入ったとしても、東大がゴールになっているGさんは入学後に「東大には何もない」と絶望するのではないかと思ったからです。東大には(上野千鶴子《うえのちづこ》先生がおっしゃっているとおり)学ぼうとするとどんなものでもありますが、何か与えられるのを待っている学生には何も与えられません。他の大学とまったく違う点はありませんからね。

飛行機の時間がせまっている私は、自分の名刺を手渡しました。そして「人を見返すために行くのが大学じゃない。東京大学のホームページを見て、こういうことがしたいので東大に行こうと思えたなら、メールをしてきなさい。それでなければあなたは東大に行くべきではないし、合格しないだろう」と言いました。

ある日、彼女からメールが届き、東大でやりたい勉強はわからないが、演劇のクラブに入って将来は舞台女優になりたいと書かれていました。そして東大のあるクラブの名前が書いてありました。

私と彼女のメールの交換が始まりました。各教科の具体的な勉強の方法を教えるとともに、必ず毎月数冊の本を読むように指示しました。彼女にとって最大の問題点は数学でしたが、英語と国語と社会ができれば東大に合格するから大丈夫だけど、センター試験（当時）程度の数学はできるようにしなさいと伝えました。

一浪はしたのですが、彼女は東大文一に合格し、晴れて東大生となりました。東京大学では演劇の勉強をし、楽しんでいる旨の連絡をいただきました。目標がないと、理由がないと努力などできません。彼女は本当にゼロからのスタートでしたが、しかるべき勉強をすれば東大には合格するという一つの例となりました。

子どものうちは遊んでおくべきは正しいか

私自身は、子ども時代はしっかり遊んだ経験を持っているのが大事だと思っています。未知の経験にぶつかることで、工夫することを学んで勉強体質になり、子ども同士で仲良く遊んだり喧嘩《けんか》したりすることで、社会性が身についていくからです。また、コミュニケーション能力は生きていくうえで非常に大切です。他の人とうまくコミュニケーションを取れないようでは、いくら偏差値が高くても、大学に入ってから、社会で働き出してから、うまくいくわけがありません。

ただ、現代は、遊びというものの質が変わってきていますよね。子ども同士で遊んでいるといっても、ゲームをしたり、SNSを通じてやりとりしたりするだけなら、正直なところ必要はないと思います。私の幼い頃のように、耳成山《みみなしやま》や香具山《かぐやま》から自転車で走って降りてきて血まみれになるとか、石舞台古墳から飛び降りて足が動かなくなるなんていう遊びは消えていますよね。そういう危険な遊びが必要なのではなくて、友達と一緒にという部分が大事なのですが。

遊ぶという同じ言葉でも、知らなかったことを知ろうとしたり、できないことをできるようになろうとしたりするような遊びをする子どもは、学業と関係ないことでもしっかり勉強体質が育《はぐく》まれるので、後々の学業にも活《い》きてきます。ただ、ゲームに勤しんでしまうのは、消費行動をしているだけですから、後々に役立つことはありません。

灘校に入ってくる生徒の大半は、小学生の頃に友達とほとんど遊んでいません。本人の意思とは関係なく、親に指示されて塾で猛勉強してきた子も少なくありません。われわれ教員は「まずは他の人とコミュニケーションが取れる人間にしてやろう」と言って、部活動に入ることを勧めています。大学に入るということは、社会生活を送るということですから、勉強以外で身につける社会性は大事です。実際に中学受験の勉強から解放されて、のびのび野球、サッカー、ラグビーといった部活動に励んでいくなかで、子どもたちは変わっていきますし、体格も入学前は平均以下の子どもたちが、卒業時には全国平均を大きく上回っていきます。そして、そういった要素のある子たちが、実は東京大学にも合格しやすくなっていきます。他人との関わりのなかで自分の将来を真剣に考え、努力し始めるからです。

ずっと机にしがみついている子たちには見えてこないものがあります。精神力や体力のみならず、他人や社会への奉仕欲や貢献欲が東大に行く理由を明確にするのです。言うまでもなく、勉強以外のことばかりやっていてはいけません。しかし、勉強ばかりしていても、実は東京大学には近づいていかないことを知っておくべきです。机上の勉強で知識を得ることはできるでしょうが、それと同じぐらい大切な経験値や知恵は、机に向かっているだけでは身につかないのですね。

第3章

成績が上がる子・下がる子

東京大学に入る子の特徴を知る

この本は東京大学がタイトルに入っていますが、これはあくまでも東京大学であってもどこであってもという意味で使っていますので、誤解のないようにしてくださいね。それが京都大学であっても関西学院大学であってもいいのです。自分の入りたい大学に進むのが一番ですからね。東大に入れと言っているわけではありませんから誤解のないように。

さて、どんな子が東京大学に合格するのでしょうか。特徴を書いてみたいと思います。

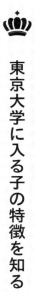

①読書ができる子

文章を論理的に理解しながら読む力が身についている子は、国語だけでなく英語も数学もしっかりと考えて答えを出すことができます。文章を読むのと数学に関係があるのかと思われるかもしれませんが、東大をはじめとする難関大学の数学の問題ではなく、たとえば中学入試の算数の文章題を見てください。かなり長いです。それを読んで理解できる人でないと中学入試ですらクリアできないんです。その点で、本をというよりも、文章を正確に論理的に読める子である必要があります。読む力のある子であるというのは、大学というアカデミアに進むためのもっとも大切な要素だと思います。

②勉強体質が身についている子

すでに何度も書きましたのでご理解いただいていると思いますが、知らないことがあると調べる子、そしていったんは覚えようとする子、興味がないことであっても、知らないことは勉強してみる子、行ったことがない場所があると行ってみようと思える子、やったことのないことをやってみたいと思える子、勉強していない状態が気持ち悪い子……こういった子は、多少勉強しない時期があったとしても、伸びます。

③中学時代の内容が頭に入っている子

大学受験というと高校の内容が問われると思っている人が多いのではないでしょうか。でも実際には中学の範囲のことがかなり問われますし、高校の内容は中学の内容を礎としています。高校に入ったら勉強しようと思っていても中学時代の内容からやり直す必要がありますし、特に積み残した内容があると、積み直さないといけませんから大変です。新しいことを積むより、積み直すほうが時間がかかるんですよね。今やるべきことをやらないといけないし、過去にやったこともやらないといけないので、やることが二重になるんです。中学時代に習うことがしっかり頭に入っている子は、高校で少しサボったとしても（程度によりますが）、伸びます。

④精神的に安定している子

家庭がリラックスする場になっている子の場合、あまり心配する必要はありません。親が何かと厳しくて、特に勉強について口うるさい場合、子どもは学校でも家庭でもストレスを溜《た》めることになってしまいます。精神的に安定している子は学校の遅刻・欠席が少なく、授業中の居眠りもほとんどありません。おそらく前日の早い時間にしっかり寝て、自己管理・体調管理ができているのでしょう。一方、不安定な子ほど遅くまで起き、いろんな遊びに浸ります。遊びが駄目なのではなく、追い詰められている子ほど夜中まで起きてひとりの時間を確保し、そのなかでリラックスしようとしているのです。

読書
勉強体質
検索
調べる
覚える
中学の基礎
精神的に安定
ガリ勉ではない
必勝

⑤がり勉ではない子

自分が人生でやりたいことを見つけるために、経験値を上げることはかなり大切です。学校と自宅の往復しかしていないような子では、自分のやりたいことが見えてきません。時間を見つけて本を読んだり映画を見たり、あるいはどこかに出かけていくような子ほど、成績が良いように思います。部活動に打ち込んだり、趣味に勤《いそ》しんだりするのも素晴らしいことですし、それは「大学に入ってもっとこれを極めたい」という気持ちにつながりますし、精神的な安定にもつながってきます。机にしがみついている子の多くは、親によって「しがみつかされている」場合が多く、したがって成績はあまり良くありません。

成績が落ちる最大の理由

どんな子が東大に合格しやすいのかという問いに対して画一的に答えることは簡単ではありません。前に挙げた五つの要素は参考にしていただきたいと思います。しかし、「成績が伸びない理由」ならば即座にいくつか挙げることができます。ここではあえて「成績が落ちる理由」を考えてみましょう。そうすると一番大きな理由として次の要素が挙がってきます。

それは、きちんと寝ていない生徒の成績は落ちやすいということです。

東大に合格する子というと、夜寝る間も惜しんで勉強するイメージが先行しますよね。でも現実として、私が教えてきた生徒たちで、東大に合格してきたのは、きちんと夜は寝ている子、そして起きている時間には頭をすっきりさせ、しっかりと勉強している子です。そういった子たちが授業中に気だるそうにしているのを想像することはできません。

私たちが生産性を上げるためには、起きている時間が勝負じゃないですか。やたらと眠そうにしている人の場合、生産性を上げるべき起きている時間にも眠く、寝ている時間には言うまでもなく生産性がないので、結果的にほとんど数字が上がらないのですね。さらに言えば、前述のとおり、夜遅くまで起きて勉強しているならまだしも、それほど勉強しているわけでもなく、ネットサーフィンやゲームに打ち込んでいるケースが多々あります。精神が安定していないのです。家庭でリラックスできていないケースが多いように思います。

長く寝れば寝るほど頭が良くなるという話でもないですし、寝る子は育つということわざを体現しているような単純な話ではないので誤解のないように。つまり、東大に合格する子というのは、起きている時間を最大限に活《い》かせる生徒です。起きている時間にしか成績が上がらないのに、その時間が眠いということになると、成績が上がるわけがないじゃないですか。

朝起きてまだ眠くて、日中も眠くなるという状態。それでは起きた後の活動に悪影響を及ぼします。たとえ夜遅くまで勉強しても、翌朝起きたときに頭がすっきりしていなくて、授業中にも寝てしまう、というのでは効率が悪すぎます。損です。実際に成績の悪い子に限って、ものすごく遅くまで起きているのです。

受験生の皆さんは早く寝ましょう。そして起きている十数時間をしっかりと集中して勉強すべきです。だらだら起きていないで、せめて22時ぐらいには寝ましょうね。大事なのは翌日の授業を集中して受け、そして帰宅後の復習を集中して行うことです。起きている時間に眠いと感じる生徒が成功すると思いますか？

人間に平等に与えられているのは時間。そして人間という生き物に必要な睡眠時間はほぼ変わらないとすると、起きている時間に何ができるかが最大のポイントなのです。これは勉強以外のすべてのことに通じます。大人だって同じです。

勉強のために睡眠時間を削るのは不合格への道。起きている時間を見直してみましょう。

起きている時間にいかに頭をすっきりさせて生産性のあることができるかが勝負なのだということを、私たちは覚えておきたいものです。

H君は灘中学校に入ってすぐに野球部に入部しました。勉強もそれなりにやっていたように思いますが、中学時代は野球中心です。投手をやったり外野手をやったりして、中学2年生の頃からはレギュラーとして試合に出るようになりました。毎日の練習に参加します。学年の席次は真ん中より少し上というところだったでしょうか。

ところが高校に入ってからは野球部に入らず、東大に多くの生徒を入れることを宣伝している塾に通い始めました。野球はもうしないのかと尋ねますと、勉強したほうがいいと母に言われたのでとの返事。あまり良くない傾向だなと思っていたら、思ったとおりに成績は落ち始めました。成績うんぬんよりも、授業中に居眠りをすることが多くなってきたのです。尋ねると「塾から帰るのが夜遅くなる」とのことでした。塾のために学校で寝るなら、塾はやめたほうがいいのではないかと言ったのですが、首を横に振ります。彼の成績はどんどん落ちていきました。疲れている人が伸びることはありません。

彼が高校3年生になろうかという春のこと。私のところに来て「塾をやめました」と明るい顔で言います。どうしてやめたのかと聞くと「そろそろ勉強しないとまずいと思うので塾はやめます」と。今までどうしてやめなかったのかと聞くと「なんとなく塾をやめると良くない気がしていたが、成績が伸びないのに行っているのは時間とカネの無駄だと気づいた」とのことでした。

結果的に彼は居眠りをしなくなりました。疲れて居眠りしている生徒の多い休み時間にも、彼は友達と笑顔でしゃべっていて、授業になると集中して受けるようになりました。みるみるうちに成績は上がっていき、東大文Iに合格することができました。惰性で塾に通っている生徒が多い中、彼は冷静に自分を見つめることができたのです。「そろそろ勉強しないとまずいと思うので塾はやめます」という彼の言葉は非常に印象的なものとなりました。

塾に行くより、まずしなくてはいけないこと

灘校の高3生と面談したときのことです。「成績がなかなか伸びてこないんですよね」とポツリ。「なぜ伸びないのかな?」と聞くと沈黙しています。塾には週2~3回行っていると言います。「私が聞いたのはなぜ伸びないのかということであって、塾に通っている回数ではない。塾に行っても、極端に言えば学校に毎日通っていても、自分の弱点の原因をじっくりと分析しないと力は上がらない」と伝えました。

これからの話は成績が上がるためには大事なことなので、詳しく説明します。

たとえば英作文で点数が取れないとします。だから塾に行くかなと考える子がいます。ではそれで英作文の力は伸びるでしょうか。伸びるわけがありません。

なぜ英作文の点数が低いのか、原因があるはずです。単語力がないならば今まで覚えた単語を見返したり、リーディングの文章に出てきた単語を覚え直したりする必要があります。単語を勉強するにしても、どのレベルが駄目だから英作文の点数に結びつかないのかを見つけなくてはなりません。たとえば英単語を『ユメタン』で強化したい場合、そもそも旧セン

ター試験レベルの①なのか二次試験レベルの②が不足しているのか、もしかしたら中学段階の⓪なのかをじっくり考えて弱点を埋めないと点数は上がりません。

これは、すべての教科について言えることです。成績が悪いから単に塾に行く、では成績は絶対に上がりません。個人の弱点の箇所を分析し、原因をじっくり考えることで成績は上がっていきます。英作文に文法ミスが多いとすれば、どうしてミスをするのか、どういう知識の欠損があって点数が上がらないのかを分析し、英作文よりむしろ英文法の勉強をし直す必要があります。それはすべて本人がやるべきことです。教員と相談しながらですが。

面談の後、その生徒は「帰宅してからじっくり考えてノートに原因を書きつけたので、それを見ながら相談にのってほしい」と私にＬＩＮＥを送ってきました。「わかった！　じゃあ月曜日にもう一度面談やろうぜ」と返事をしました。

やみくもにやっても成績は上がりません。ガムシャラという言葉は美しいのですが、弱点の理由の分析もせずにガムシャラにやっても疲れるだけ。点数が伸びないのには必ず原因があります。それを自分で分析できていない状態で塾に頼っても、欠点は補えません。なぜなら塾だってその生徒の伸びない原因がわからないはずだからです。自分にしかわからないのです。仮に塾でたくさん宿題が出て、それを全部やったとしても、自分がわかっていないところをわかろうとする勉強がすっぽり抜けていたり、結局わからないことをわからないまま飛ばしていたりしたら、力は上がらないままです。量をこなしても成績が上がらない生徒はまさにこのパターン。弱点を埋める勉強ができていないのです。時間だけが費やされることになってしまいます。

周りから与えられたタスクをこなすだけでは、学力は上がりません。大切なことは、どこのピースが欠けているのかを分析し、それを埋める努力をすることです。そのために必要なものは時間です。塾に行っている時間のために、そのピースを埋める時間を確保できないのであれば、塾はすっぱりやめたほうが成績は上がります。機械的に塾に通っていてもお金と時間の無駄に終わります。

模試を受けても成績は上がらない

受験が間近になってくると、模試を毎月のように受ける生徒が出てきます。

しかし、模試をそんなに頻度高く受ける必要があるでしょうか。

大学の受験勉強で大事なのは、まず何よりも知識を増やし、その知識を使って思考力を高めることです。知識と知恵が大切なのですね。

模試をやみくもにいくら受けても、受けるだけでは成績は上がりません。模試は、結果が返却されるまでかなり間が空きますよね。その間、受けっぱなしで放置していたり、結果だけ見て一喜一憂したりするだけなら、受けないほうがいいでしょう。その時間、家で自分が苦手なところを分析して、勉強し直すほうが成績は上がります。

志望校の冠模試（東大模試や京大模試など）のように、自分にとって大切な模試は受けたほうがいいと思います。その大学の志望者の動向がわかりますし、その中での自分の現時点での位置がわかります。しかしそれ以外はあまりたくさん模試を受けてもほとんど意味はありません。ましてや模試対策などをしている生徒が難関大学に進めるはずがありません。

模試は言うなれば練習試合です。入試が公式戦。一番大事なのは普段の練習、つまり日々の勉強です。そこで知識と思考力を高めるのです。それに今はたくさんの教材が出ていますので、模試を受けなくてもだいたい自分が入試でどれぐらい点を取れるのか、受験生自身がわかるはずです。模試は教員用の資料にはなりますが（過年度生徒との比較とか他校との比較とかいった意味で）、生徒たちにとってはほとんど意味がありません。判定のAとかBとかだって、冠模試ならば意義もありますが、それ以外の模試では正確性に疑念が残ります。

繰り返しますが、大切なことは知識と思考力を高めること。それには日々の勉強が何よりも重要です。そして日々勉強を続けるためには、体力と精神力が必要です。疲れている人はなかなか集中できないはずですからね。土曜日や日曜日に模試を受けに行って疲れて平日の勉強に悪影響が及ぶようでは意味がありません。

模試E判定の場合、志望大学を変えるべき？

模試を受けたら必ず付随して出てくるのが、志望大学に対する合格の可能性を表す判定。多くの受験生はこの判定基準に心を惑わされます。

長年模試の結果と大学合格の関係を見てきましたが、実際はA判定が出ていたからといって、必ず合格するわけじゃありません。反対にE判定だとしてもD判定に近い場合は、合格の可能性がけっこうあります。模試の判定は、生徒たちが信じるほど精度が高くありません。特に総合模試の場合はそうです。

灘校を含め、超進学校の生徒はC判定が出たらどう判断すると思いますか?

C判定でも自分の志望校を受けますし、普通はDでもEでも受けます。ファイティングスピリットのある生徒が多いので、誰が付けたかわからないようなイイカゲンな記号には従いません。そしてD判定でもE判定でも、合格していく生徒が毎年たくさんいます。甲子園《こうしえん》出場を目指す野球部が「あなたの学校は甲子園出場D判定だからあきらめろ」と言われてあきらめますか。自分の人生なのですから、記号に人生を決めてもらいたくないはずです。

しかし、多くの学校では判定を見て志望大学を変える生徒が圧倒的多数です。でも変えたからといって、合格するわけではありません。たとえば東大志望の子が大阪大や神戸大に変えたら必ず合格できるかというと、まったくそんなことはありません。医学部の場合は特にそうです。

それはなぜか。

同じ考えの子たちがたくさんいるからです。模試の判定を見て、志望大学の大移動が起こるのですよ。東大理Ⅲが D判定だった子たちがこぞって京都大や大阪大の医学部に大移動するのです。そうすると、模試の判定は完全に変化するでしょう。

受験前の模試の判定はまったく参考にならないと言ってもいいです。合格するかどうかは自分が一番よくわかっているのではないでしょうか。気持ちが勉強に向いていないとか、土台となる知識が足りないとかといったようなことは自分でわかっているはずです。判定であなたはDですよとかEですよとか言われなくてもです。

大切なのは自分の姿勢です。勉強に対する、あるいは大学の学問に対する姿勢です。どうしても東大に入ってこういう学問をやってやるぞ！ という人は伸びますし、机に向かいますし、文章をたくさん読みます。記号や数字（偏差値）なんかで人生を決めないぞという意識が大事なのです。

模試E判定でも合格する子とは

東京大学に行きたいのであれば、そこにむけて大事なことは何か。それはまず「どうしても行くのだ」という気持ちを強く持つことです。「東大に行きたいのは行きたいのですが、でも駄目なら、それならええっと……」というようなメンタリティでは東京大学には合格しません。

東京大学が駄目なら、今の成績を伸ばせばいいんですよね。

CやDなら上等じゃないですか。考えなくてはならないのは、それをBかCにする方法です。あきらめることではありません。

お子さんは部活動をやっていますか。試合中、この相手は強そうだから対戦するのはやめようとか考えますか。もっと弱い相手を探そうなんて考えますか？　勝つにはどうしたらいいだろうって考えるのではないでしょうか。

入試も、それ以後の人生も、すべて同じです。大人になればわかりますが、人生はそんなことの連続です。チャレンジするのをやめた結果、ランクダウンした大学にも合格できないのです。

そんな気持ちの弱いことでは先が、つまりこれからの人生が思いやられます。「絶対に合格したるわい！」という子が合格していきます。最後の最後まで力を尽くした子が合格します。そしてそういう子がだらだらとした生活を送ることはありえないのです。

判定の記号で大学を決めるのではなく、自分で入る大学を決めるべきです。私はそう思って生徒たちの指導をしています。「ここが無理ならこちらの大学はどうかな」なんて無責任な指導は絶対にしません。教員としてというより、人生の先輩として、そういう気持ちで生きてほしくないのです。ファイティングスピリットばりばりで生きてほしいのです。

勉強でもスポーツでも芸術でもファイティングスピリットがないと伸びません。灘校を卒業してハーバード大学に行った教え子が「勉強で一番大事なのは、いろんな意味で気迫ですね」と言っていましたが、本当にそれです。第二志望などないのです。そういう子が東京大学に合格するのです。

「英語ができないから理系選択」は正しいか

私の生徒は、理系の子のほうが、英語が得意な生徒が多いです。ここでは英語を例に挙げて、勉強全体の見方について書いていきます。非常に大切な要素なので参考にしてみてください。

英語という科目が得意なのは文系というイメージが巷《ちまた》にはあるためか、理系のほうができると言われると意外だと思われるかもしれませんね。そのイメージで、「文系に行きたいけれども、英語が苦手なので理系で受験する」という生徒も他校にはいるようです。でもそれは大間違いです。

大学に入ってから、英語をより使うのは、理系か文系かと聞かれると、それは理系の学部です。なぜなら、理系の学問は世界とつながっているからです。否、学問によっては宇宙とつながっているからです。地球温暖化や新型コロナウイルスをはじめとして、理系の分野は地球規模、宇宙規模の問題です。医学、物理学、薬学、生物学など、自然科学の分野は世界中の科学者と一緒に研究していくことになります。論文も英語で読み、英語で書かなくてはなりません。最先端の知識や技術は英語で書かれて、まだ翻訳されていないものが数多くあります。自分の論文も、英語で書けば国内だけではなく、世界中の人たちから読んでもらえるチャンスが広がります。理系にとって英語は必須《ひっす》アイテムなのです。

一方、文系はというと、経済や政治、法律にしても、圧倒的に日本国内についての勉強が多くなります。世界のことを学ぶ前に、まずは日本の政治、日本の経済、日本の法律です。

一部の学部を除いては英語を使う機会は実はそう多くありません。もちろん英語の授業はありますが、理系に比べて、必要性は低いでしょう。海外とやり取りするビジネス界に就職する際には英語が必要になるとは思いますけれども、必ずしも就職する子ばかりではありませんからね。

「英語ができないから理系を選択する」は実は逆です。英語ができないなら、あえて言えば文系を選ぶべきです。

ここで書きたかったのは、ある教科が得意だから・苦手だからという理由で大学や学部を決めてはならないということです。自分がどういう生き方をするのか、大学ではどんな学問を学びたいのかをじっくり検討することが大切なのです。英語や数学が苦手でその方向に進めないのであれば、あきらめずに勉強すればいいのです。

現時点での成績で判断するのは愚の骨頂。そうやってあきらめながら生きていくのでしょうか。自分のやりたいことは必ずあるはずです。見つかっていない人もいるでしょうけれども、経験を重ねているうちに見つかります。そのときに自分の力が足りないのであれば、あきらめるというのでしょうか。せっかく見つかったのに。自分に足りないものを補うのが勉強なのです。自分の生きたい人生を歩むために学ぶべきなのです。

コラム

教え子エピソード⑨

東京大学のもっともいいところは何ですかと尋ねられれば、私は「入学時に学問の方向（専門分野）を決めなくていい点」と答えます。大学の3年生になる際に決めればいいわけで、実際に灘校でも「やりたいことがまだ見つかっていないので東大」という子はたくさん、いや、そういう子のほうが多いように思います。それが東大へのモチベーションになるならいいのではないでしょうか。たかだか18歳の段階で専門分野を決められるものではないですからね。

K君はかわいそうに、お母さんから「医師になりなさい」と言われていました。本人は特に医師になりたいわけではないのに、とにかく医師になるよう言われ続けていたのですね。彼はストレスを抱え、傷つきながらも小学生の頃からずっと努力し、見事に東京大学理Ⅲに合格しました。

大学の3年生になる際、つまり専門を決めるとき、彼は法学部に進みました。

お母さんは猛反対したそうですが、彼は自分の人生は自分で決めるので黙っていてほしいとお母さんに人生で初めて反抗し、何年後かに希望どおりに弁護士としてデビューしました。もしも彼が東大ではなく、他の大学の医学部に入っていたら自分の人生を深く考えずに医師になっていたかもしれません。

成績を上げるためには

東京大学に合格する生徒は「（　）こと」を知っています。さて、この（　）に入る言葉はわかりますでしょうか（答えはこの項目の最後に）。

さて、授業を大切にする子は成績が上がります。しかしその「授業を大切にする」の意味を間違えている生徒はたくさんいます。授業そのものをしっかり受けるのは言うまでもないのですが、授業を受けているだけで成績が上がるということはありません。

私は生徒に、予習をするようには言いません。もちろん、予習をして悪いことはありませんが、生徒の時間は限られています。その中で、もっとも優先することは何かを考えると、授業で習ったことを自分の頭に刷り込むこと、覚えて使えるようにすること、つまり復習をすることです。

予習より復習のほうが大切です。何よりも復習が大事です。成績を伸ばすのは復習です。授業で聞いた内容は、一度聞いてなんとなく理解はしても、まだ脳には刷り込まれていません。それを家に帰って何度も繰り返して読んだり、解いたりすることで定着していくのです。復習をしない授業は、忘れ去られてしまいます。

復習のポイントは、すぐやること。習ったことを完全に忘れ去る前に、もう一度脳に出会わせることです。たとえば、日本史の授業で平安時代の内容を学習したとします。その後は1か月ぐらい見直すことがなく、定期考査がある際に教科書を読むとしても、それでは復習にはなりません。なぜならほぼ完全に忘れているからです。そうなると、また一から覚えていく必要が出てきます。これでは授業を受けた意味さえありません。逆に授業を受けた当日や翌日に復習すれば、「ああ、そういえばこんなこと先生言ってたな、あんなつまらない冗談も言ってたわ」とリアルに思い出せる情報が多くなります。それが復習です。脳に刷り込むために行うのです。

授業を大事にするとは、復習することです。予習はするならすればいいとは思いますが、しかし必須ではありません。必須なのは復習のほうです。

さて、冒頭の問題ですが、答えは「(自分はすぐに忘れる) こと」です。忘れることを知っているから、何度も復習するのです。昨日やったことを今日やり、それを1週間後にやり、定期考査前にもやるから、頭に刷り込まれるのです。逆に小利口な生徒は「自分は大丈夫」という根拠のない自信を持ち、何度も反復しないのであまり伸びません。自分は大丈夫ではない、自分は全然覚えられないと思うからこそ、反復回数が増えるのです。

ノートをきれいに作り過ぎない

東大生のノートは美しいといったような主旨の本が以前ありました。これを勘違いして、きれいなノートを作ることに力を注ぐ生徒を見かけます。特に女子生徒の中には、何色もの色ペンを使ってきれいにノートを書いていることがあります。でも、ノートを美しく書くことと成績が上がることはまったくの別物で、あまり関係ありません。

そもそもノートは何のためのものでしょうか。

それは、最終的には書いてあることを覚えるためです。あるいは理解するためですね。覚えたり理解したりするためには美しくないといけない！　なんてことはありません。書いた内容を頭に入れる手前で、その美しさに満足していてはまったく意味がありません。ノートは、書いてあることが覚えやすいように、記憶に残りやすいようにするためのもの。ノートを工夫するのは大事ですが、ノート作りに時間を取られ過ぎてしまって、「覚えることをしない生徒」「覚えるのは定期考査前という生徒」が存在しますが、それではまったく意味がありません。

灘校の生徒で成績が良い生徒のノートは、先生が書いた黒板をそのまま写すのではなく、授業中に頭でまとめながら、ポイントをがんがん書きなぐっています。ノートはメモ帳なので、授業で知ったことをひたすら書きなぐっているのです。こういう生徒は、授業中に習ったことを、その場で書いて覚えているという側面もあります。授業中に授業を受け、授業中に復習をしているのです。こういった生徒は最強です。家庭では自分のやりたい勉強をするために時間を効率的に使っているのですね。

ノートの意味は、美しくまとめることにあるのではなく、覚えたり理解したりすることにあります。目的を忘れないようにしましょう。

勉強時間より反復回数

よく「知識偏重教育は良くない」というようなことを言われます。が、知識さえないような人が知恵を働かせることはありません。無味乾燥な暗記に終始する指導は良くないのは間違いありません。しかし無味乾燥な暗記というのは、役に立たなそうなことを覚えることであり、英単語や古文単語、数学の解法などを覚えることは無味乾燥ではありません。数学は暗記ではありませんが、考え方のパターンを知っておくという意味でとらえてください。そういう点で、成績の良い子というのはやはり知識が豊富ですし、逆に成績が上がらない子というのは、過去問集や問題集などをやってはいるけれども、そもそも覚えていない子が多いのです。

「英単語をすぐ忘れてしまいます」「どうやったらイディオムを覚えられますか？」という悩みも、生徒からよく届きます。

そもそも人間の脳は、忘れるようにできています。まずこれを事実として念頭に置いておきましょう。昨日の晩ご飯のおかずは言えますか。一昨日はどうですか。1週間前はどうでしょうか。必要のない情報は忘れるようになっているのです。

そのうえで、記憶を定着させるための方法を考えましょう。特に、一回しか出会わず、その後ずっと見かけないものを、私たちの脳が覚えているはずがありません。脳には「一回しか出会わない＝生きていくうえで必要ではない情報」として認識されるのです。英単語も英文法の知識も、一回や二回の授業で習ったくらいで覚えているわけがないのです。何度も何度も出会う中で、脳が「これって大事かもしれないな」と思ってくれるのです。

脳に記憶を長期間定着させたいなら、一にも二にも反復です。

たとえば、暗記科目の筆頭である日本史や世界史の教科書などは、同じページを何度も読みます。一度で暗記しようと思わないでください。反復することを意識するのであって、覚えようと思うとストレスになります。何度も何度も出会います。脳に刷り込むには「鎌倉時代、何回見てるんだろう」というぐらいまで繰り返すのです。

イメージは「覚える」のではなく、出会う回数を多くするということ。一回で覚えようと思わない。人間の脳は出会う回数が多ければ多いほど、記憶しようとするのです。何度も出会ううちに、脳は「これは必要な情報なんだ」と認識してくれます。そうなることで初めて記憶に残るのです。

勉強時間ではなく、反復回数を多くするのが、特に初期段階の勉強の鉄則です。知識が増えてくると、今度はそれを使って考える勉強が中心になります。

灘校の多くの生徒は高校2年生の終わりまでには、英語・数学・国語についてはかなり多くの知識を頭に入れています。高校3年生になると考える学習、そして理科や地歴公民の学習が中心になりますからね。なにせ東京大学をはじめとする難関大学では理科と地歴公民が命ですし、それらの配点はかなり高いのです。英数国は高2の終わりまでに形にしたいのです。覚えるべきことを高2の終わりまでに覚えていないと、考える学習も理科や地歴公民の学習もうまく進まず、結局は現役で超難関大学に合格することが難しくなってしまうんです。

英語では同じ単語帳や文法の問題集を何度も何度も反復しています。そしてその根底にあるのは「自分はすぐに忘れてしまうから、反復しないといけない」という意識なのですね。

勉強は声を出しながら

勉強するとき、声を出していますか。まぁいろんなタイプの人がいますから、もしかしたら灘校の生徒たちだけかもしれませんが、成績の良い子ほど声を出すように思います。これは暗記という点からすれば当然のことなのです。

たとえば、電話番号を覚える際（最近は覚えることもないですけれども）、声に出して覚えますよね。ところが、文章や数字を読む際に、文字を目で追うだけになっている生徒が多いように思います。日本中の学校を訪問して出張授業をする際に長文を配付し、英文を読んでごらんと言うと声を出さない生徒が大半ですし、覚える際でさえも声を出さない生徒がかなり多いのが実態です。

覚えたい対象があるときに、それにアクセスする道筋は多いほうが定着しやすくなります。

『ユメタン』を作ったときに茂木健一郎《もぎけんいちろう》さんの本を読み、脳科学について勉強をしましたが、「全部の器官をフル動員」させ、目で見て、口で発声して、耳で聞き、手で書く。これを自分の脳に刷り込むイメージで行うと効果的で覚えやすいと書いてありました。

確かにその四つのアクセスで覚えている生徒は、暗記が上手です。下手な生徒は目だけで覚えようとします。情報源に対して一つや二つのアクセス数しかないよりは、三つか四つあるほうが確実に覚えるスピードは速くなりますし、忘れにくくなります。暗記といったどうしても時間が必要な勉強、そして重要な勉強は、効率良く行いたいですよね。

これは言うまでもなく英語に限った話ではありません。理科も地歴公民も同じです。

特に英語をはじめとした言語学習に関しては、音なしで勉強するのは言語道断。家で復習するときにも、必ず音声を聞くように伝えています。

私の授業では、さぁ英単語を覚えようとなると、生徒も慣れたもので、私が何も言わなくても、クラス中がいっせいにぶつぶつと英単語をつぶやきはじめます。ひとクラスに55人ほどいますので、それはもう教室が賑《にぎ》やかになります。一人ひとりが自分のペースで単語を読み上げていくのです。中学1年生からそのスタイルを続けているので、高校から入学してきた新入生は、最初はその光景に圧倒されます。「なんでこの人たち、こんなに声出している

読
音
聞く
見る
書く

んだ」と。でも自然と同じようにぶつぶつとつぶやき始めるようになりますが。なぜなら、それがもっとも覚えやすいとわかるからです。

成績の良い生徒ほど、覚えるときは必ず声に出して覚えています。成績が悪い生徒に限って目だけで覚えています。教室を見たら一目瞭然《いちもくりょうぜん》です。

本当に大事なことなので、6年間生徒を持つ間に、「声を出しなよ」と何百回も生徒に伝えていますし、そのたびに生徒たちから「わかってるよ」という顔をされています。

100単語は10分で覚える

覚えれば覚えるほど、力が高くなることは間違いありません。暗記は苦手ですという人がいますが、暗記が苦手なのは単に反復回数が足りないか、あるいは声を出していないからだと思われます。

もう一つ、大切なことを書きます。たとえば、英単語を100語覚えることにします。100単語の暗記ってどういう印象を持ちますか。大多数の人は「100語を覚えるのは大変だなぁ」と感じます。

しかし、100語が10分で覚えられるという事実がわかったらどうでしょうか。「やってみようかな」となりませんか。たかが10分です。休憩時間を含めても30分もあれば覚えられます。

やり方は簡単です。まずは100単語の中の10単語からスタートします。10単語を覚えるのにどのくらいかかると思いますか。おそらく1~2分です。「灘校の生徒だからそんなに早いんだろう」と思われるかもしれません。しかし、私は各地の学校に呼ばれて授業をしていますが、偏差値が40ぐらいの学校に行って試したときも、みんな1分で10単語覚えていました。頭の良し悪しなどは関係ありません。もちろん、前述のとおりに声を出します。『ユメタン』の音声に合わせながらです。目で見て、聞いて、声を出しているのです。

10単語を1分なら、単純計算で100単語は10分ですよね。2分だとしても20分。一日20分ならできそうな気がしませんか。暗記の分量に圧倒されず、何分で覚えられるかをきちんと把握すると、予想以上に覚えられるものです。もちろん一回覚えた100語はあっという間に忘れてしまいますので、翌日にも同じことをするのです。1週間毎日その100語を脳に叩《たた》き込むことによって、九九と同じような脳への刷り込みが行われるのです。

覚えるのが苦手な人の場合、全部を一気に覚えようとします。しかし、まずは細分化することを考えてみることです。それは地歴公民にしても同じです。奈良時代を覚えたら、毎日それを覚えます。平安時代を覚えたら、さらに毎日それをやります。7日目にはもうすっかり脳に刷り込まれているはずです。

かける時間を考えて勉強する

先ほどご説明した英単語の覚え方もそうですが、中学高校のすべての勉強において、覚える際に時間を意識するのは大切なことです。

必ず生徒に伝えるのは「これは◯分ぐらいでできるはずだ」ということです。単に「覚えなさい」ではなく、「これを5分で覚えなさい」と言います。単に「覚えなさい」ではだらけてしまうんですね。

大人の場合、ある仕事をするのに午前中いっぱいかかるなどと終わりの時間を意識するはずです。この仕事とあの仕事を合わせて、だいたい3時間かかるから、午前中には終わらせられるはずだなどと考えますよね。

生徒たちの場合はあまり期限を切らずに、鎌倉時代まで覚えようとか、この古文単語集の第1章を覚えようなどと考えがちです。何をやるときでも、どれぐらいの時間で覚えるのかを設定することは大事ですし、それによって緊張感を持って勉強することができます。

インプットは常にアウトプット活動で完結する

「インプットは常にアウトプット活動で完結する」というのは、立花隆《たちばなたかし》先生の言葉です。どんなに暗記しても使わないと忘れてしまいますし、そもそもなんらかの活動をするために覚えたはずです。たとえば本を読んだとします。インプット活動ですね。でもそのあとに、その本に何が書いてあったのかを人に伝えたりしなければ、かなり速いスピードで本の内容を忘れてしまいます。読み終わったはずなのに何も覚えていないという経験をした人も多いのではないでしょうか。

文章を読んだら、それについて話してみる。単語を覚えたのであれば、それを使って文を作ってみる。歴史を覚えたのであれば、その内容を何も見ないで声に出してしゃべってみる……こういったアウトプット活動を通じて、インプットした内容が脳にしがみついてくれるのです。

成績が上がる子というのは、休憩時間になっても友達と前の授業の内容について話しているんですね。あの英作文、これでもいいんじゃないかとか、さっきの数式なんやけど、こういう考え方だってできるはずとか。これらもすべてアウトプット活動です。

子どもが高校生にもなると、自宅で家族を相手にアウトプット活動をするということはないかもしれませんが、お子さんが幼いうちは、たとえば九九であるとか簡単な英単語であるとかを、一緒になって覚え、それを使っていろんな話をしてみるぐらいならできるのではないでしょうか。それが家庭全体の勉強体質・記憶体質作りに役立ちます。

東京大学には、多くの知識を持っているだけでは合格できません。知識を土台とした知恵、考える力がないとまったく太刀打ちできません。ただ、知恵を働かせるためには知識が必要です。覚えてもいない人が知恵を働かせることはありえません。覚えるだけでは駄目ですが、しかし知識は何よりも大切なファクターです。ここに書いたことを参考にして、どんどん知識を増やしていってください。そしてそのうえで、東京大学が求める「考える力」を発揮するための練習を、いろいろな教材を用いて行ってください。過去問は有効なツールですが、過去問だけではまったく足りません。書店さんに行くとそのための教材がたくさんありますから、探してみてください。私の YouTube 動画やメールマガジンでも紹介させていただいていますので、参考にしてみてください。

教え子エピソード⑩

L君は残念ながら中学校の間、ほとんど登校できませんでした。あることがきっかけになって不登校になり、中学卒業までは家にこもったまま。中高一貫校の場合、高校には上がれるかもしれませんが、このまま高校に上がっても出席日数が足りずに留年、そしてそのまま退学になってしまう可能性が高いと思われました。

高校に上がる前の春休み、私は家庭訪問をしました。このままだとおそらく中退になってしまうが、学校に残る気があるなら徹底的に付き合うけれどもどうしたいのかを尋ねましたところ、大学には行きたいと言います。自分の人生なのだから、もう過去のことは忘れて、新たな気持ちで高校からは来たほうがいいんじゃないかと言って帰宅しました。彼は翌日の始業式にやってきて、そこから高校卒業まで一日も休みませんでした。

彼に手渡したのは私の『ユメタン⓪』と中学生用の英文法問題集。彼は教室には入れませんでしたが、別室でそれらの教材や国語の先生から渡された漢字ドリルと古文単語集を開き、特別な時間割のもとで勉強を中学1年の内容から始めました。高2後半からは教室に入ることもでき、中学英単語、高校の初歩的な英単語、古文単語集、日本史の極めて薄いドリルなどをやり続けました。数学と理科はまったく理解できませんでしたが、英語と国語と日本史に関しては、覚えるべきことを覚えれば、なんとかしてあげられるという思いが私にはありました。徐々にレベルを上げていきました。

彼はがんばりました。

2月初旬の卒業式が終わったあと、私のところにやってきたL君は深くお辞儀をし、がんばってきますと短いひと言。そしてそれ以来会っていません。しかし、「青山学院大学に合格しました。ありがとうございました」という短いメールが彼から届いたのは、それから2週間ほど経った日のことでした。

第4章

学び続ける力を

東大までの人であってほしくない

ある時期に「東大までの人」という言葉が流行しました。東京大学に入ったのはいいとして、そこからはあまりぱっとせず、企業に入っても能力を発揮できない人を指して「あの人は東大までの人だね」という表現をするそうです。

かくいう私も以前、京都大学の教授と話をしていたときに「君の学校（灘校ではない）の卒業生は確かにたくさん本学に入学してくれるが、伸びたパンツのゴムみたいな人間ばかりで、入ってから学ぼうとしない」と言われたことがあります。勤務校の教育姿勢を批判されているようで、非常に恥ずかしい思いをしました。私自身の生徒への指導が転換する機会となりました。

また、ある東証一部上場企業の人事部の方と話していたときに、その方が「東大卒が特別だなんて思ったことはない。単に東大に入学しただけで変にプライドが高い馬鹿もいっぱいいるので、そういうのを雇ってしまったら育てるしかないが、たかが偏差値が高かっただけの人間だからねぇ」とまでおっしゃいました。

結局のところ、東大や京大がゴールになっているからなのでしょうね。だから「東大までの人」ができあがるのではないかと思っています。親や教員は、そういう人を作るべきではないですし、他人の役に立つ人材を育てていかないといけません。たかだか東大に合格したぐらいでガッツポーズを繰り返し、あたかも成功者であるかのように振る舞う人間にしてはならないと、常々思っています。

そのためには、東大が目標なのではなく、東大に入ってからどう生きるのかを考えねばならないのではないでしょうか。東大は単なる人生の目標を実現するためのツールであり、一つの場所に過ぎないという考え方でないと「東大までの人」を増殖させてしまうような気がしてなりません。その点で週刊誌の「東大合格ランキング」なんて廃止すればいいと思いますし、テレビ番組で東大生を過度に優秀であるかのように取り上げるのも良くないなと思っています。

視点を変えますが、ハーバード大学やＭＩＴ（マサチューセッツ工科大学）に進んだ教え子たちと比較して、東京大学に進んだ学生たちが優秀で、世界を舞台に戦える人材かと言われると、東大に入ってから相当な努力をしないといけないのは目に見えています。海外の大学は極めて入りにくいのに対して、日本の超難関大学はインテリジェンス（言い換えれば偏差値）さえ高ければ入学できるのですから当然です。私は「東大までの人」をこれ以上作りたくないなと思っています。

ちなみに国公立大学の学費はどうして高くないのかご存知ですか。

東京大学をはじめとする国公立大学には税金が投入されています。だから学費が（以前よりはずいぶん高くなりましたが）私立大学に比べると高くないのです。特に、他の国公立大学に比して、東京大学の学生たちにはかなりたくさんの税金が使われています。だからというわけでもないのですが、東大の学生たちにはしっかりと学んでほしいと願っています。

家庭学習が力を伸ばす

2020年の新型コロナウイルス感染症の騒動で、多くの子どもたちの学ぶ環境が混乱しました。世間では、子どもの学力の低下を危惧《きぐ》する声が聞かれました。

しかし実際は、灘校の生徒たちの模試の成績は、以前より高くなりました。少なくともここまでの模試の結果に関して言えば、この数年で一番良かったのではないでしょうか。しかし、これは私から見れば、あるいは成績が上がるメカニズムを理解しているプロの教員から見れば、当然の結果だと言えます。おそらく灘校だけではなく、他の私立中高一貫校でも似たような現象が起こっているのではないでしょうか。少なくとも予備校関係者からは「私学が強いです」という声を聞いています。

なぜでしょうか。それは、家庭での自分で勉強できる時間が増えたからです。

新しい内容の学習は、学校の授業で教員から学ぶほうが効率的です。だから学校は必要です。たとえば、皆さんが今まで習ったことのないフランス語やドイツ語を習得するとします。我流でマスターするよりも、なんらかの学校に通ったほうが効率的ですよね。新しいことを学ぶ際には学校でプロに習うほうがいいのです。

しかし、その新しい知識を自分の脳に刷り込み、自分の知恵として生かせるまでになるには、自分自身で繰り返し復習し、反復して頭に入れること以外に方法はないのです。つまり学校でも塾でも、先生の話を聞いているだけでは頭は良くならないのです。家庭学習が鍵《かぎ》を握るのです。

新型コロナウイルスの感染拡大の影響で学校が休校になっていた間、生徒たちは通学する必要がありませんでした。それだけで往復の通学にかける時間が自由になります。生徒によっては片道2時間以上かけて通学していますので、その時間を勉強に充てることができるのです。また、授業がないので、その時間を自分が復習したかったこと、まだ覚えていなかったことに充てられました。

成績を上げられるのは、学校や塾ではありません。生徒自身の復習の時間なのです。これは前章でも書いたとおり。さまざまな学校を訪問して講演をする際には、成績を伸ばすメカニズムについて話をするようにしています。授業を大切にするというのは、授業で習ったことを参考にして復習をするということなのです。授業時間に集中しておけば大丈夫という意味ではありません。教員のほうは「いかにうまく授業をするか」に加えて、「いかに家庭学習をさせるか」を意識した指導や面談を行わねば成績は伸びないということになります。

新型コロナウイルスが蔓延《まんえん》し、休校措置がとられましたね。それが正しかったのか間違っていたのかはここでは論じません。しかし、少なくともすでに多くの「新しい内容」を教わっていた中高一貫校の生徒たちにとっては、かなり有利に働いたのは間違いないでしょうし、逆に「新しい内容」をまだ教わっていない学校の生徒たちにとっては、いくらオンラインでの授業が行われていたといっても、かなり不利であったと思われます。

また、こういった自由な時間があったにもかかわらず、ゲームなどに興じていた生徒も日本全国にはたくさんいたのではないでしょうか。普段から勉強体質を身につけていないと、「小人閑居して不善を為《な》す」ということわざではありませんが、自由になったのだからやるべきことをやろうという意識にはつながらず、遊び体質にしたがってスマホを手に取ってしまうのです。それを考えると、早い段階から親や教員が勉強体質を身につけさせるような取り組みをしてやることは、子どもの学びにとって非常に大切なことだと思っています。

一生学び続ける力を

子どもにとって一番避けなくてはならないのは、目の前の受験に失敗することではありません。そんなことは大きいことではありません。一番駄目なこと、それは勉強することが嫌いになってしまうことです。

親や教員は子どもたちに対して、もっと勉強をしてほしいと思うものです。

しかし勉強する目的が「志望校に受かるため」「大学に合格するため」になっているのであれば、それはあまりにもったいない発想ですし、そもそもその程度の目的意識では大学に入学してからの学問に気持ちが向かないのです。よしんば大人のその考えを子どもが納得して勉強し、合格したとしても、人生は東大の合格後のほうが圧倒的に長いのです。

難関大合格がゴールだと考えて燃え尽きてしまう生徒を何人も見てきました。灘校でも表には出てきませんが、学年に一人や二人ではありません。また、難関の中高一貫校に入学した時点で燃え尽きてその先に学ぶ意欲が失われる生徒も実はたくさんいます。本当にかわいそうだと胸が締め付けられます。

難関の中高一貫校に入っただけで勉強をやめてしまう子が、現実にはたくさんいるのです。小学校の間、親に言われて、自分の好きなことや遊びを犠牲にして勉強してきた子のなかには、中学校に入った時点でもう電池が切れたかのようになっている子たちがいます。これでは中学受験には成功しても、長い人生では不幸です。仮にその先、なんとか東京大学に入れたとしても、その後に勉強が続かず「東大までの人」と言われるケースも多々あります。なんのために勉強をしてきたのでしょうね。

今の子どもたちが大人になる頃には、情報化社会の進化や変化スピードはさらに加速しているでしょう。一つの会社に就職したらそこに定年までいるという構造は終わりましたし、将来どんな仕事についたとしても、勉強せずに仕事できるということなどありません。急激に変わる世の中で生きていくためには、常に勉強し続けなくてはなりません。それは私たち教師も同じ。毎日勉強する日々です。

子どもたちにとって大学合格は単なる一里塚でしかありません。その後は他の人たちと力を合わせながら、社会の発展のために、あるいは弱者を救うために、自分の勉強を活《い》かさねばなりません。そのために学んできたのです。力を蓄えてきたのはそのためなのです。

今の時代に必要なのは、勉強し続けることができる勉強体質ですし、それを比較的早い時期から意識して子どもたちには持ってもらいたいと願っています。学び続けるんだよということを、そしてその理由を、しっかりと話し続けたいと思っています。

私の教え子ではありませんが、灘校の卒業生の話を書きます。灘校から東京大学に進み、さらに京都大学大学院に進んだ彼は後に灘校の同僚となりました。ここまで書けば、「彼」が誰を指すのかおわかりの方も多くいらっしゃるかもしれません。

1995年の阪神・淡路大震災で被災した彼は、それにへこたれることなく、同年に行われた東京大学の入試をクリア。当時の話を同じ学年担当になった彼からよく聞いたものです。そんな折、2011年3月に東日本大震災が日本を襲いました。

その学年が高3になった2013年6月。野球部の顧問として試合会場から一緒に帰宅する車中で、彼は「先生、僕、灘校を辞めようと思うのですが、どう思いますか」と言います。彼はもしかしたら灘校の将来の幹部候補ではないかと思われていましたので少し驚きましたが、私は「自由に生きるのが一番じゃないか」と答えました。彼はにっこり笑って「先生ならそう言ってくれると思っていました。辞めます」と。

聞くと、福島県に移住して、そこでNPOを立ち上げ、被災した子どもたちのために働きたいと言います。「ところで木村先生、福島の子どもたちの英語力を上げるの手伝ってもらえませんか」と言うので、「君のお願いを断ったことあるか」と返事。「あまりお金をお渡しできないのですが」と言うので、「NPOやろ？　お金なんか1円も要らない」と返事し、翌年の3月に彼、つまり前川直哉《まえかわなおや》先生は退職して、福島に旅立ちました。

現在も前川先生は福島県で教育支援の活動を続けておられます。私は英語ですが、国語の藤井健志《ふじいたけし》先生と数学の数理哲人《すうりてつじん》先生とともに、福島の子どもたちに勉強の方法や意義について、話をし続けてきました。福島の先生方が私たちの勉強会に多数参加してくださり、福島県教委のご協力のもと、福島の先生方の日々のご指導のおかげで福島県は非常にたくさんの東大生を送り出せるようになりました。福島出身の人材が、福島の、そして日本の諸問題を、解決する日が来ることを心から願っています。

私以外の3人はみな素晴らしい東大の卒業生です。彼らと一緒に活動ができることを誇りにしています。

学び続ける意味を子どもと話す

私は「どうして勉強し続けねばならないのですか」と問われることが多いのですが、中学生・高校生なら知っておいてもらいたいのは、人間は一人では生きていけないということです。人間誰しも完全に自給自足で暮らすことなどできません。今、日常生活を送ることができているのは、どこかで働いている人がいて、それぞれの役割を担ってくれているからですね。皆が万能ではなく、自分に欠けていることを誰かに補ってもらって生きています。この現実を子どもたちには知ってもらいたい。私は生徒に「勉強しろ」とは言いません。でも、勉強する意味や意義をよく生徒と話します。

医学、法律、心理学、物理学、文学など、勉強の分野は多岐にわたります。それぞれが勉強し、自分の得意なことで他人の役に立ち、お互いにわからないことを他の誰かに補ってもらって社会が作られています。医師になる人は優秀かもしれないのですが、法律や税務については素人です。税務を勉強してきた人に助けてもらうわけです。こういう形で、社会は人々の勉強に支えられているわけですね。生徒たちには、社会を良くするために学んでほしいと伝えています。

そういう意味では、勉強は自分のためじゃなく、他の人のためにするという側面が大きいのです。勉強してきたことは壊れません。いや、壊れない勉強をすべきではないでしょうか。

ぜひ勉強の意味について、ことあるごとに子どもと話してみてください。子どもの勉強に向き合う姿勢が必ず変わってきます。

勉強体質・記憶体質は遺伝する

ある子が勉強体質・記憶体質を持った親に育てられると、ほぼ間違いなくその子もその体質を受け継ぎます。わからないことは調べよう、知らなかったことは覚えておこうという親に育てられるのですから、間違いなくその子は幼少期から勉強をするようになります。それは絵を描くことであったり、字を書くことであったり、簡単な数字遊びをすることであったりするところがスタートラインとなるのでしょう。

勉強体質・記憶体質は遺伝します。多くの親と会ってきて、これは断言できます。もちろん全員が全員そうだというわけではありませんが、ほとんどの場合がそうです。

東京大学に入学する学生の親は年収が高いそうです。確かに塾に行かせたり、私立中高一貫校に入れたりするとお金がかかりますので、その意味ではお金持ちの親の子のほうが有利なのでしょうね。でも、多少の相関関係はあるかもしれませんが、因果関係とまでは言いきれないと思われます。すべてのお金持ちの子どもは勉強をする体質が身についていて、それなりの大学に入学するし、その後も主体的に学ぶのでしょうか。逆に豊かな家に育ってしまったからこそ学ばなくなっている子どももかなり多いと思いますし、そういう子もたくさん見てきました。親が裕福なので自分はそれほど努力しなくてもカネを遺《のこ》してくれると思うと言った教え子もいます。

勉強って経済活動の一つです。経済活動というのはつまり「金儲《かねもう》け」です。ただし、変な意味で使っているわけではありませんので誤解のないようにお願いします。

たとえば、英語が話せるAさんと話せないBさんのどちらに企業はお金を払いますか。Cさんは英語に加えて中国語とスペイン語が話せます。Dさんは8か国語が使いこなせます。Eさんは8か国語に加えてプログラミングができます。勉強をすればするほど、その人にはお金が入ってくるようになっているのです。もちろんそれだけのために勉強をするのではないのですが、結果としてそうなるのです。そういう意味で、金儲けのために勉強をするわけではないのですが、それでも勉強は経済活動なのです。ご理解いただければ幸いです。

さて、東大に子どもを入れる親の多くは、大人になっても本を読んだりさまざまな活動をしたりする勉強体質が身についています。今年は絵の勉強をしてやろう、来年はあの外国語を習得してやろうといった具合に。毎晩お酒を飲んでスマホを見ている人もいるでしょうけれども、体には勉強体質がしみついている人が多いのです。勉強をするからスキルが上がります。スキルが上がるので、その人は豊かになってきます。心の豊かさは言うまでもないのですが、経済的にも豊かになってくるのです。

その人の子どもは、幼い頃からその人を見ているのです。したがって、年収の高い人の子どもにも勉強体質が遺伝し、結果として東大をはじめとする難関大学に進む子が多くなるのですね。年収が高くてお金を使って子どもの教育レベルを上げているというケースもあるにはあるでしょうが、それよりも親自身が学んでいて、それが遺伝しているケースが多いということです。子どもに勉強をしろと言う前に、あなたはなんの勉強をしているのか、そもそも家庭には勉強体質が備わっているのかを問い直さねばなりません。

何ごとにも例外はありますので、これは絶対的な話ではありません。しかし、私が見てきた東大に子どもを入れた多くの親はなんらかの勉強をされているケースが非常に多く、それは参考にしてもいいのではないかと思っております。

子どもが好きなことを見つけるために親ができること

子どもが「これが好き、これで生きていきたい」というものを見つけるために、親ができることは何でしょうか？

親の都合で「これを好きになりなさい」「この道に進むのがいいわよ」と押しつけるのが言語道断というのは言わずもがなです。子どもは親の所有物ではありません。

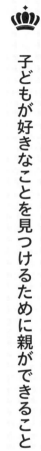

親ができるのは、出会う機会を与えてあげることです。子どもがゲーム好きで困っている親がいるとしたら、ゲームを作る側の話をするのもいいかもしれません。ゲームで遊ぶ側ではなく、作る側に回るという発想は子どもだけではたどり着かないかもしれません。ちなみにずいぶん前の教え子でゲームばかりしている子に「他人の作ったゲームに踊らされるんじゃなく、もっと楽しいゲームを作ればいいのに」と言ったところ、それもそうだと納得し、今は任天堂で働いている人がいます。

旅行に行くのも子どもにはいい体験です。日本全国で行ったことのない場所を回ってみるのもいいでしょう。地理や歴史の授業で習った地を訪れることで、子どもが教科書だけでは気づかなかったことに気づくはずです。実際、東京大学に入る子たちの多くはいろんな場所に行っています。特に（新型コロナウイルスの影響で今は難しいかもしれませんが）海外に連れていくのは非常に良い経験となります。別の土地で別の文化で生活している人がいるのを実体験できるいい機会です。高校生ならば一人旅をしてみるのもいいかもしれません。教え子のひとりは、東京大学を経て、今は大きい鉄道会社で働いています。青春18きっぷで日本中を回ったことをきっかけに電車好きになり、東京大学時代に世界中を旅行して電車に乗り、それを仕事に活かしています。

同じ旅行といっても、毎年バカンスで同じ場所に行って遊ぶというのは、学ぶという面でいうとお勧めできません。私自身は、毎年自分の子どもを別の場所に連れていっていました。東北をレンタカーで周り、奥入瀬《おいらせ》渓流や八幡平《はちまんたい》に行ったり、盛岡《もりおか》でわんこそばを食べてみたり。その原体験があったからか、息子は東北で働きたいと言って、仙台《せんだい》で働いていた時期がありました。人のやりたいことの土台には、何かの経験がきっかけとしてあるものです。そのきっかけを探す手助けを、機会を与えるということを、意識していただきたいと思っています。

旅行が無理なら、美術館や博物館に連れていってあげるのもいいですし、一緒に図鑑を眺めてみるのもいいでしょう。子どもが思いつく選択肢には限りがあります。子どもが気づかない部分にも世界が広がっているということを教えてあげてください。子どもたちはゲームをしたがるかもしれません。しかし、自分のやりたいことだけでは、子どもの世界は小さいですので、なかなか未来につながるものが見つからないのですね。そうなると「勉強の意味がわからない」と言い出すことになります。ゲームをしたりテレビを見たりネットサーフィンに興じたりしているだけでは、未来につながる夢はなかなか見つからないものです。

最後に。何に子どもが飛びつくかはわかりません。そのタイミングも子どもによってばらばら。「せっかく連れていったのに、全然興味を持たなかった」とがっかりすることもあります。しかし、それはしょうがないのです。がっかりする必要はありません。与えた機会がいつ生きてくるかなんて誰にもわからないのですから。好きなことがそんなに簡単に見つかるものではないこともまた事実。でも、親の役割としては、機会を与えることがものすごく大切なのです。

学校も子どもたちに「機会」を与えている場所

私のところには「英語はこれから必要でしょうか。英語の勉強をしないといけませんか」という質問が全国から届きます。特にYouTubeの「キムタツチャンネル」を始めてからは、私のホームページの「お問い合わせ」からメールで質問を送ってこられる方が激増しました。

人生において絶対にやらないといけないことというのは、実はそう多くないと思っています。英語に限らず、他の教科も絶対に勉強しないといけないものではありません。人によって違います。理系に進む子であれば英語は必須《ひっす》アイテムです。しかし、その子が漁師さんになりたいという場合はどうでしょうか。英語は、そりゃ教養という意味ではできたほうがいいかもしれませんが、できなくても構いません。どう生きるかによって異なります。

ではなぜ学校では英語や数学、理科などを教えているのでしょうね。不必要な子だっているはずなのに。それはどういった勉強が自分に向いているか、楽しいと思えるか、もっと知りたいと思うかを知る機会を得るためです。1時間目から6時間目のいろいろな授業の中で学ぶことや、場合によっては放課後の時間に経験することを通じて、自分は将来どういうことをできるのかを見つけてほしいのです。「英語は苦手だな、でも数学は得意だ。音楽は大好きだ。ならば数学と音楽をしっかり勉強して、それを活かして将来は生きていこう」と自分の選ぶ道を見つけてもらいたいのですね。だからあらゆる科目を最初は勉強するのです。でも全部ができる必要はありません。学校は機会を与えています。取捨選択は自分たちで行うべきなのです。

自分の生き方を考えたうえで、英語を要らないなと思えば、勉強しなくてもいいと思っています。ただ、ある年齢になったときに「やっぱり英語を勉強しておけばよかったな」と思うことはあるので、早めに放棄してしまうのはもったいないとは思いますが。

学校は、子どもたちの可能性を伸ばすために、機会を与える場所なのです。そう思って授業を大切にしてもらいたいなと思います。イヤイヤやらされているという発想では何も得られません。何だったら自分は面白いと思えるかを探しながら授業を受けてほしいものです。

次の授業の中に自分の未来に関わるヒントが隠されているかもしれないのです。多くの学校で講演をさせていただく機会がありますが、そこではいつもそういう話をしています。家庭でもこの話は使ってくださいね。

やりたいことが見つからない

「やりたいことが見つかりません」「夢中になれるものがありません」と悩みを相談されることがよくあります。いつも「そう簡単に見つかるようなもんじゃないよ」と答えます。

特に子どもたちの場合、ある中学校や高校に入ることを目標に勉強していたうちはいいのですが、進むべき大学や将来の進路となると、本当に自分に合う道はなんだろうと迷うでしょう。偏差値レベルが最高という理由で東大理Ⅲを目指す生徒もいますが、そういった生徒が必ずしも優れた医師や研究者になるわけではありません。中には「理Ⅲまでの人」もいます。

やりたいことを探していて、見つからない状態の生徒には、「君は本当に探しているのか？」と聞きます。見つからないのではなく、見つけようとしていない。出会おうとすらしていないことが多いからです。それでは勉強に打ち込めないはずです。将来の職業を決める必要はありませんが、少なくともこんなふうに生きたいという方向性ぐらいは早い段階で考えておいたほうが自分を鍛える理由になるはずです。

普段、自宅と学校を往復しているだけの生活の中で、この後の長い人生でやりたいことが見つかるのはレアケースです。たとえば親が医師をしていて、その働く姿を見て自分も医師を目指すとか、学校の先生を見て、自分も教える仕事に就きたいと思うなど、身近な人が目指す像となるケースもありますが、全員が医師や教員になるわけでもないはずで、そうなるとなんとなく就活をし、やりたくもない仕事に就くという人も多いのではないでしょうか。日本では就職しても3年以内に辞める人が多いことが問題になっていますが、最初からやりたいことを仕事にしたわけではないのであればそうして辞めるのもいたしかたないと思います。

自分のやりたいことは、普通の生活では見つからないものです。だから探しに行くことが大事になります。いろんな経験をすることで、ふとしたときに見つかるものです。

自分の経験値を上げるとも言い換えられます。普段やったことがないことをあえてやってみる。自分が向いているかはわからないけれど、楽しそうだと感じることにチャレンジしてみることです。

また多くの人にとって、普通はやりたいことや好きな要素とは複数あるものです。

私の場合、小学生のときに長嶋茂雄《ながしましげお》選手や王貞治《おうさだはる》選手のプレーを見て、野球をしたいと思うようになりました。図書館で遠藤周作さんの本を読んで、こんな作家になりたいと思いました。中学3年生のときの国語の先生がいい先生だったので、教員っていい仕事だなと感じました。

今、教える仕事をしながら、こうして本を書き、灘校では野球部の顧問をしています。やりたいことは一つである必要などないのですね。

やりたいことは、インターネットで検索してもなかなか見つかりません。

生徒たちが自分の今持っている知識や、身を置いている小さい世界の中で探して見つからないのであれば、外に出てみてほしいのです。今まで行ったことのない場所に行くのもいいでしょう。読んだことのない本を読んでみて、新しい人と話をして違う考えに触れるのでもいいのです。そういう経験を通じて、新しいことを知っていってほしいのです。知識が増えれば増えるほど、おのずと好きなことが見つかる可能性も広がります。なんとなく東大に行きたいというだけでは、普通は最後には挫折《ざせつ》してしまいます。やりたいことがあるから行くのです。

好きなことを見つけたら、努力は苦になりません。どんどん知りたい、できるようになりたいと思うからです。そういう人は人生を楽しく生きられます。これこそ、多くの親御さんが子どもに対して望むことではありませんか？　子どもが幸せになることは、最大の親孝行だと私は思っています。

自分は何だったら楽しめるか。経験値を上げることで、これをやったら人生が楽しめるぞというものを見つけてほしいと思います。

せっかく生まれてきたのに、ため息をつきながら生きていくのはつらいですよね。好きなことが見つからないとお子さんが悩んでいたら、どうぞ外に目を向けさせてみてください。それができるのが親なのです。

モチベーションを上げるには手帳を使う

「やる気が出ません」は、生徒たちのみならず、大人にとっても多い悩みです。

まず、そもそもやる気はあるのかを確認します。元からないモノは、いくら出したくても出せませんからね。皆さん、ポケットから500円玉を出してみてください。ポケットに500円玉がない人は、出せと言われても出せませんよね。やる気だって同じです。

そもそもないなら、自分は英語や数学を勉強する気持ちがなぜないか、英語や数学を勉強しない場合、将来どういう風に生きていこうと思うのかを考える機会にしてはどうでしょうか。考えてみて「人生を楽しむためには英語がいるなぁ」「やりたい仕事には数学が必要だなぁ」と気づけば、少しずつでもやる気につながる何かが顔を出し始めます。

その「何か」を育てていくことが大切なのです。

一方、モチベーションはあるけれど続かないという場合はどうすればいいでしょう。継続しない理由はいくつかありますが、その一つは「計画性」が不足していることです。たとえば何も計画を立てずに、朝起きてきたとします。何を勉強するのか決まっていないのですから、朝ごはんを食べて、少し眠くなり、少しスマホを触ってみようかなと思って、気づいたら数時間経っていた、ということになってしまいます。あなたが悪いというよりも、計画性がないのがまずいのです。

私の場合は、自分の手帳に次の日にやることを書いておきます。左ページには日記、右ページには、前の日に翌日やることを書いておきます。それを習慣にしています。私の場合、本当にぐうたらですので、手帳に書きつけておかないと忘れてしまうし、書きつけておいてもできるとは限らないのです。でも書きつけておいて、いつまでにどういうことを完璧《かんぺき》にするかをわかっているのといないのとでは、まったく違ってきます。

子どもたちも、学校の生徒手帳や市販の手帳を持っていると思います。そこに自分の勉強計画をメモしておくのは大事なことです。行事予定だけを書いていても手帳の機能を使いこなしているとは言えません。できれば、計画を細かく書いてみることをおすすめします。「単語をやろう」「長文の勉強をしよう」だけでは、そもそも何をしていいのかわからずに、その日になっても取り掛かりが遅くなってしまいがちです。手帳には具体的な計画を書きます。何ページのどこまで覚えるのか、何ページのどこまで完璧に理解するのかを手帳にしっかりと書きつけるのです。

たとえば、英単語を『ユメタン①』で覚える場合は、左の絵のように書きます。

大人でもこうして手帳を使って自分のやる気を管理しています。私も、自分はぐうたらな人間だとわかっているから、こうして手帳に書いて、やる気を維持しています。

「自分はやる気が出ないな」とネガティブに考える必要はありません。人間はたいだいみな

記入例

February

1 Monday
ユメタン① Unit1

2 Tuesday
ユメタン① Unit2

3 Wednesday
ユメタン① Unit1と2の復習

4 Thursday
ユメタン① Unit3

5 Friday
ユメタン① Unit4

6 Saturday
ユメタン① Unit3と4の復習

7 Sunday
ユメタン① Unit1~4の復習

そうです。でも、ぐうたらだからこそ、工夫をして成果を上げるのですね。そうしているうちに、力が付き、勉強習慣が身についてくるのです。

どうして「使えない東大生」になるのか

東大の卒業生の中にはかなり優秀な人たちはおられます。以前、和田秀樹《わだひでき》さんとご一緒したときに「東大生って頭がいいと思いますか」と尋ねましたところ、和田さんは「全員が全員頭がいいわけではないけれども、頭のいい人の確率は他大学より高い」とおっしゃって、だから東大に求人をする大企業が多いんだなと思いました。

私がいつも一緒に勉強会を開催している聖光《せいこう》学院中学校高等学校の佐藤仁志《さとうひとし》先生は東京大学の卒業生ですが、非常に穏やかで物腰が柔らかく、周囲から信頼されています。学ぼうとする姿勢が顕著で、私より若い先生ですが、いつもこういう人から学べる生徒たちは幸せだなと感じずにはいられません。

しかし、残念ですが、本当に日本最高の大学を出た人間なのかと思わざるを得ないような人もおられます。政治家や官僚が東大出身と聞いて、やっぱり東大は頭でっかちで駄目だなと思われる人も少なくないのではないでしょうか。皆さんの周囲にもいると思うのです。「頭はいいかもしれないけれども使えないな」と思うような東大卒が。

親からすれば、東大に入ったのはいいとしても、社会に出てから評価されず、閑職に追い込まれたり、そこまで行かなくても医師や弁護士などの立派な仕事に就いたにもかかわらず、あまり評価されなかったりすると悲しくなりますよね。世間はけっこう冷たいもので「息子さん、東大卒なんですってね！　すごい！」なんて言ってくれますが、裏では「東大を出ただけで、あんなのたいしたことないわ」と思っている人だってかなり多いのです。

さて、鍵を握るのはコミュニケーション能力だと私は思っています。あるいは共感力とでもいいましょうか。いくらある個人が有能であったとしても、ひとりで社会を回せるほどの人はひとりもいません。どんな職業に就いたとしても、他の職業に就いている人のおかげで生活ができるのです。また、同じ職場の人とうまくやっていく能力は非常に重要で、その能力がなければ評価が低くなるのは当然のことです。東大卒であろうと何大卒であろうと関係ありません。

特に小学生のときからあまり友達とコミュニケーションを取らず、ひたすら勉強をしたり、スマホに向かったりしている人の場合、中学生や高校生になってから友達とうまくやっていくことができずに孤立し、確かに偏差値は高いんだろうけれども大学に入ってから、あるいは社会に出てから苦労するだろうなという子がいます。東大には入れるんだろうけれども、社会に出ることはできるんだろうかという子もいます。

言うまでもなく、日本は依然として学歴社会が続いています。

東京大学に届く求人と地方国公立大学に届く求人とでは、数も質も異なります。どの大学で学んだのかということは就職してからの仕事とはまったく関係がないのに、超難関大学に届く求人のほうが圧倒的に多いのは、つまり企業サイドがそういった大学の学生を求めているということです。

受験勉強の際に培われた根性や計画性、継続性を求めると教えてくださった企業の方がおられます。また、別の方からは、顧客の教養レベルに見合った会話ができる人でないと困るので難関大学の学生を優先するとうかがいました。就職という点においては、学歴社会がまだまだ続きそうです。

しかし、いったん就職してしまえば、それが企業であれ、弁護士事務所であれ、病院であれ、大学などは関係ありません。私の職場にも東大卒や京大卒がいますが、関西学院大卒もかなり多く（兵庫県の学校ですからね）、一緒に働いているうちに誰が東大卒で誰が関学大卒かなんて忘れてしまいます。言うまでもないのですが、就職したあとは能力が高い人が出世していきます。社会に出たあとの能力とは、仕事をこなす能力はもちろん、他人とうまくやっていく能力がかなり大切です。

いろんな進学校の先生とお付き合いをしていますが、中高一貫校の先生方の多くが「コミュニケーション能力の低い子が極めて多い」とおっしゃいます。友達となら話せるけれども、その友達もかなりの少数で、普段付き合いのないクラスメートとは話せないとか、そもそも教員と話せないとかといった子もいます。それではいくら偏差値が高くて東大に入っても京大に入っても、将来が心配でなりません。

親はどうしても子どもの成績が気になるとは思いますが、他人とのコミュニケーション能力を幼い頃から身につけるような取り組みをしてもらいたいと思います。他人の痛みのわかる人間に育てていただければ嬉《うれ》しく思います。勉強については学校が、あるいは塾が、指導をしていけば伸びるかもしれませんが、その部分については学校ではいかんともし難いのです。

そのためにも、あまり早い時期から子どもを塾漬けにするのではなく、いろんな経験をし、家庭内で話をする機会を増やし、また家族とは違う人と話す機会を作りながら、素晴らしいお子さんを育てていってもらえればと願っています。

考える力を身につけるために

私が何冊かの本を出した頃、『ドラゴン桜《ざくら》』という漫画が大ヒットしていました。第1巻を少し読んでみると、それまでなかったような東大受験がトピックになっていました。前例にしたがえば、きっとこの漫画が世に出ることはなかったでしょう。なぜなら当時は勉強を漫画の素材として使うという前例がなかったからです。すごい漫画が出てきたものだなと感心しました。『ドラゴン桜』までは、学習参考書コーナーに漫画が置かれることなどありませんでしたからね。そういう意味で、日本の受験シーンを変えた漫画だと言えます。

調べてみると、この漫画の編集者が灘校の卒業生ということだったので、非常に興味を持ちました。現在は株式会社コルクの代表取締役社長として大活躍されている佐渡島庸平氏です。

ＳＮＳがまだメジャーではなかった頃ですので、彼にメールを送りました。そして、私が東京に行ったタイミングで会うことになり、結果的に『ドラゴン桜』のサイトでコラムを執筆させていただいたり、『ドラゴン桜』シリーズの問題集を出版させていただいたりしました。現在も親しくお付き合いしています。

当時、講談社の若手編集者だった佐渡島さんと打ち合わせをしたあと、お昼ごはんを食べましょうということで、池袋にある中華料理店に担担麺を食べに行きましてね。ものすごく辛い担担麺が印象的だったのですが、それよりも私は佐渡島さんのある特徴に気がつきました。

佐渡島さんと二人でゴルフの話、受験の話、仕事の話などで盛り上がっているうちに、なんだか私ばかりが話している感覚に陥ったのです。佐渡島さんが「なぜですか」を常に尋ねてくるからだと気づきました。

私が「野球部の指導はいろいろあって、なかなか大変でさ」と言うと、「へぇ、なぜですか」。「おかげさまで、出した本が好評みたいなんだよ」と言うと、また「ほぉ、なぜでしょうか」。「この受験体制はしばらく変わらないよね」と言うと、またまた「なぜそう思うんですか」。タイミング的には「そうですね」で終わる話が終わらないのです。それ以来、彼と仕事をする際に気をつけているのですが、やはり「なぜですか」と常に尋ねられます。だから曖昧な意見を言うことができず、私自身も「なぜなんだろう」と考えることになりました。

灘校でよくできる生徒と話しているときにも全く同じことが言えます。新型コロナウイルス感染症でみんながマスクをしているときに、私が「マスクってどうしてこんなに眼鏡が曇るんやろうね」と言うと、「どうしても息が上に行くんでしょうね」で済まさない子たちがいます。どうして曇るのかをマスクの構造などから物理的に考えようとします。「どうして医学部ってこんなに難しいんだろう」と言うと、じっくり考えようとする生徒たちがいます。

要するに、論理的に考えるために必要なのは、常に「なぜなんだろう」と考える習慣なんだろうなと私は思っています。子どもの頃にいろんなものに興味を持ち、「なぜなんだろう」と考える習慣があった人でも、人生の時間が経つにつれていろんなことが当たり前になり、ほとんどすべてのことがルーティーンになってしまって、理由を考えることも、仮説を立てて情報を集めることも、さらにはその仮説を実証しようとすることもしなくなってしまうんでしょうね。

子どもたちで言えば、暗記をすることで高い学力を身につけることができますし、暗記をすることで医師や弁護士になることができます。なんだか今の日本は暗記さえがんばれば、成功者としてみなされるような気がしませんか。

でも、果たしてそれでいいのでしょうか。社会に出れば、解答のない問いばかりが連続して襲ってきます。暗記をしてもどうしようもない場所に向かって、子どもたちは生きているようなものです。なのに、大学に入るのも社会に出るのも、暗記をしたり答えのある問いに答えたりできさえすれば、そのハードルを飛び越えることができるのですね。

子どもたちがあまり覚えることを中心にしていると、考える力を失ってしまうと危惧する人もいます。そんなことはありません。覚えることは大切です。しかし、覚えることで終始していては大学に進み、社会に出たあとに、「あの子は成績が良かったのにね」という大人になってしまうかもしれません。

どんなことでもいいのです。理由を考える習慣を身につけてみませんか。家の近くのラーメン屋さんがはやっているとして、どうしてはやっているんでしょう。美味しいから？　駅から住宅街への動線上にあるから？　でも同じ条件で同じように美味しいラーメン屋がはやっていないかもしれませんね。それは本や漫画やゲームソフトなどでも同じです。どうしてこれは売れているんだろう。どうしてこれは売れていないんだろう。そういったことを考えます。そして自分なりの答え（仮説）をいくつか出します。

推論から仮説を立てたら、次は実証へと向かわねばなりません。考えたことが正しいかどうかのチェックをするのです。そのためにはさまざまな知識が必要ですし、新しい情報を得なければなりません。最終的な答えはきっとこれだというところまで、考えたうえで調べてみます。家族でやると習慣になります。

考える力を身につけることで東京大学は近くなりますし、「東大までの人」ではなくなっていくでしょう。ただ、考える力を身につけるためには、考えるしか方法がありません。考え方がわからないという人もいるでしょうから、ここでは佐渡島庸平さんのエピソードを紹介しました。身のまわりを見渡してください。「なぜなんだろう」と思う対象がたくさんあるのではないでしょうか。なぜ制服って着ないといけないんだろう。なぜ大人に従わないと怒られるんだろう。なぜ？　なぜ？　なぜ？

対象が見つかったらチャンスです。じっくりと考えることです。情報を集めてから考える

のではなく、まず考えて仮説を立て、そこから情報を集めて実証するのです。それが習慣になると、考える力が徐々に高くなっていきます。常に深く物事を考えられる人間になります。

第5章

Q&A

新型コロナウイルスが蔓延《まんえん》し始めた頃、全国の学校が休校措置をとることを国から命じられました。子どもたちは学ぶ機会を奪われ、それぞれの学校ではオンラインを通じた指導に切り替えざるを得なくなりました。

私も灘校の生徒たちには Google ドライブを通じて教材を配付していました。一方で、学ぶ機会を奪われた子どもたちや疲弊している指導者たち、どうしていいのかわからず、途方に暮れている親に向けて何かできないかなと考え、YouTube 動画を使って話をすることにしました。「キムタツチャンネル」がそれです。

芸能人ではありませんので、はっちゃけたことはせず、淡々と自分の意見を自分のスマホのカメラに向かって話しているだけの動画ですが、おかげさまでたくさんの方々からメールをいただくようになりました。

ここでは、子どもたちの教育のことで困っているお父さん・お母さんからいただいた質問や相談を取り上げて、「キムタツチャンネル」で話すようなつもりで答えていこうと思います。また、これ以外でも質問がありましたら、私のホームページのお問い合わせフォームからメールをくだされればお答えさせていただきます。よろしくお願いいたします。

Q

高校2年生の息子を持つ母親です。部活動はバスケットボールをしていますが、勉強をまったくしません。成績は学年の下のほうで、困っています。家ではスマホでバスケットボールの動画を見たりゲームをしたりしているようです。親としてどうすればいいのか、キムタツ先生の意見をお聞かせください。

高校2年生で勉強しないので、親はどうしたらいいのかということですが、親にはすでにどうすることもできません。ただ、いくつか気をつけてもらいたい点があるのでお話しします。

まず「勉強しなさい」とか「勉強したほうがいい」とかいったことを息子さんに言わないほうがいいということです。本書でも書きましたが、その言葉で勉強を始める子どもはいません。どうせ始めないのであれば、家の中の空気を悪くする、そしてお母さんご自身も気分が悪くなるようなことは言わないことです。

次に、息子さんとの関係が良好なのであれば、将来について話をすることです。「勉強したほうがいいよ」的な説教じみた、分別くさいことは言わず、息子さんがどうしたいのかを聞く時間を作ることです。もしも息子さんご自身が勉強したほうがいいと思っているのであれば、あるいは大学には行きたいと思っているのであれば、勉強が手につかない理由が何なのか、協力できることはないのか、腹を割って話をすることです。相談に乗る姿勢を忘れずに。

最後に家の中がリラックスできる空間になっているかどうかをチェックすることです。学校にいる時間はけっこう闘いなのです。考えてもみてください。あんな硬い椅子に6時間座って授業を受けるんですよ。それだけでもかなり疲れるんです。家でも疲れるようでは、ますます勉強に意識は向きません。それとお母さんご自身が何かを学んでいる姿勢を見せることです。大人がスマホを触ったりテレビを見たり、つまり勉強する雰囲気のない空間では、子どもは勉強するようにはなりません。

大切なのは二番目なのですが、学校の先生に相談し、実は授業中の態度は良好であるとか、宿題は提出しているとかであれば、あまり心配する必要はありません。何よりもバスケットボールに打ち込んでいるのであれば、それを極めることだって勉強です。彼がどう生きたいのかが何より大切なので、話を聞いてあげてください。

Q

中学生の娘を持つ母親です。親としては医師になってほしいのですが、娘はあまり医師になりたいわけではないようなことを言います。これからの人生を考えると、医師になったほうがいいように思うのですが、どのように接すればいいでしょうか。

娘さんの人生ですからね。お母さんのほうが、普通は先に亡くなりますが、お母さんが亡くなったあとに娘さんが「本当は医師なんかなりたくなかったのにな」と思うような人生でいいのでしょうか。娘さんはあなたの所有物ではありません。娘さんの気持ちが最優先です。

ちなみにですが、医師になりたいという人が今の日本では激減しているのはご存知でしょうか。進学校では相変わらず医師を志望する生徒もいるのですが、私が受け持っている学年でも医学部志望者は非常に減少しています。新型コロナウイルス蔓延以前からの傾向ですので、今回のパンデミックが原因というわけではありません。

以前は医師になれば収入が安定するという理由もあって、さらには「難しい学部に入れば評価される」という生徒などもいて、上位者の医学部志望が多かったのですが、今はマスコミが「医学部合格力」などと騒ぎ立てているわりには、医学部に魅力を感じている上位者が少なくなりました。まずは収入が安定するとはいっても、勤務医の場合には（サラリーマンですから）それほどでもなく、外資系企業や銀行に勤めるほうが高いことがわかってきました。さらに言えば、そりゃお金はそれなりにもらえるかもしれないけれども極めて休日が少なく、給与と仕事のバランスが悪いという点もあります。医学部に入ると他学部の学生のようにはいかず、受験生時代の勉強のほうが楽だったと思えるほど、暗記暗記暗記暗記の生活が待っています。結果的に、日本の医師不足を招くことになってしまいました。

受験雑誌やサイトなどでは「医学部人気」という言葉が躍っています。一方、日本の医師不足が社会問題となっています。医学部が人気なのであれば、医師が不足することはないはずです。受験業界は医学部に入る生徒が減り続けると困ります。せっかく作った予備校の医学部コースに入る生徒が減ると、予備校はどうなるのでしょう。

実際、医学部に行きたいという生徒は減っています。医師になることが「うまみ」ではなくなったのが原因だと思われます。

個人的にはもっと地方の医師を目指す人が増えればいいなと思っていますし、医師になる人にはもっと手厚い待遇を用意したほうがいいように思います。「これからの人生を考えると、医師になったほうがいい」と書かれていますが、医師になると大変です。医者の早死にという言葉もあるぐらいで、激務なのです。娘さんはそれがわかっているから、自分には合わないと思っておられるのかもしれません。いずれにしても、娘さんの人生ですので、お母さんが強制的に医学部に行きなさいなどと言うのは、娘は自分のものだという意識が強いのではないでしょうか。娘さんには娘さんが思う人生を歩いてもらって、幸せになってもらってください。

Q

まだ幼い子どもを持つ父親です。生まれてからいろんな教材のパンフレットなどが家に届くようになり、どうしたものかと思っています。幼児教育に関して、キムタツ先生の思うところをお聞かせくだされば嬉《うれ》しく思います。

まず、いろんな教材のパンフレットですが、捨てていただいて構いません。いいのがあれば買えばいいとは思いますが、かなり高額なはずです。それに見合った結果はおそらく普通は得られません。そういう会社も少子化で経営が大変なのです。大変だなぁとつぶやきながら、パンフレットをごみ箱にお入れください。

さて、習い事をするのは間違いではありません。でも、たとえば英語塾に行ったからといって英語ができるようになるわけではありません。ピアノ教室に通ったからといってピアノが弾けるようになるわけでもありません。そりゃ一時的にはできるようになります。しかし、英語やピアノも、継続してやり続けないと「昔はできていたのになぁ」ということになります。

習い事をするのは、子どもの脳に刺激を与えるためです。その点では絵本を読み聞かせたり、日常から離れた場所に連れていったりするのも間違いではありません。しかし、たとえばその絵本について子どもが覚えているでしょうか。旅行先の経験を子どもが覚えていると思いますか。単に刺激を与えるためのワンノブゼムなのです。そういう意味で、高額な商品である必要はありません。繰り返しますが「幼い頃から英語塾に行かせていたのに、英語の成績がひどいなぁ」などと、何年後かのあなたがぼやいている可能性もあることを忘れないでください。英語塾に幼少時から通わせることと英語の成績とは関係ないので（通い続ければ別です）、脳への刺激だなと思いながら通わせてあげるならいいと思います。いろんな刺激を与えてあげてください。ちなみに私は絵・習字・そろばん・剣道を習っていました。絵が下手で、字も下手で、算数ができず、体はバリバリに硬いです。

Q

中学生の子どもを持つ母親です。高校は全日制の高校ではなく、通信制の高校に行くと言って親を困らせています。中学でいじめに遭っているなどではなく、高校に通うのが面倒なので通信制に行くとのことです。どうすればいいのでしょうか。

子どもが通信制の高校に行くとどうして親が困るのでしょうか。最近は文部科学省も通信制の高校や大学の設置を推奨し、極めてたくさんの生徒や学生が通信制を利用しています。通信制に行くというと、不登校の生徒や仕事をしている人が通うイメージがあるかもしれませんが、現在は必ずしもそういうわけではないのです。実際、通信制の高校から東京大学や早稲田大学などの難関大学に進む生徒もいて、ますます注目を集めています。

ここで通信制のメリットとデメリットを考えてみましょう。参考にしてください。

不安…
通信制
デメリット
メリット

●メリット

・自分のペースで学べる

・学費が安い

・アルバイトや趣味、旅などと両立しやすい

・学校に登校することができない生徒でも高校を卒業できる

●デメリット

・自己管理が必要

・他の人（友人や先生）と触れ合う機会が少ない

・偏見を持っている人も多い

親としては、我が子には全日制の高校に通ってほしいという気持ちを持っているのかもしれませんね。でもおそらく何年かすれば、通信制に通う生徒や学生は現在よりも増えるはずです。子どもの意見をよく聞いて、メリットを生かすようにしてください。

まだ子どもは幼いのですが、彼には東京大学に行ってほしいと思っている父親です。東京大学の歴史を考えると、英語ができたほうが有利ですよね。社会に出たときのことも考えて、英語力を身につけるためにインターナショナルスクールに入れようかと考えています。キムタツ先生はインターナショナルスクールに子どもを入れることをどうお考えでしょうか。

東京大学の入試は確かにリスニングの配点が大きいですし、入ってからの授業スタイルを考えても、英語ができたほうがいいに決まっています。ただ、それと同時に日本語と数字にも強くないと合格できません。日本人なんだから日本語はできるでしょうと言う人がいますが、もしそうならどうして日本人の読む力の低下が話題になるのでしょうか。あるいは皆さんは日本語で論理的な文章を書くことができるでしょうか。日本語で論理的に読む力や書く力がなければ東京大学はおろか、どんな大学であっても合格することは難しいでしょう。それに数字に強いという点に関して言えば、かなり多くの日本人の子どもたちが算数（数学）を苦手としています。英語だけができても東京大学に合格することも、社会に出て活躍することも不可能です。その点で、インターナショナルスクールに通ったからといって、東京大学に合格しやすくなるということはないのです。

確かにインターナショナルスクールに通っていると英語で話す力を身につけることはできます。ですので、もしかすると海外で暮らすのには苦労しなくていいとは思います。ただし、ハーバード大学をはじめとする名門の私立大学に通えるかというと、たかだか会話ができたぐらいでは無理です。大切なのは、言語（日本語や英語）で何をするのかという部分なのです。英語がめちゃくちゃできれば海外の有名大学に入れるのであれば、アメリカ人やイギリス人は全員合格するはずです。

子どもが日本で暮らすのか、それとも海外で暮らそうとするのかを考えて、学校選びをされるのが賢明です。単に英語力が身につくからという理由でインターナショナルスクールを選ぶと、英語以外の力がまったく身につかないということになりかねず、社会に出てから非常に苦労することになります。日本で暮らすのであれば、日本の学校を選んだほうがいいと思います。

Q

塾の先生から、読む力がないと難関中学校に合格することは不可能と聞き、子どもには毎月数冊の本を与え、読書感想文を書くように指導しています。与えた本は読むのですが、自主的には本を読もうとせず、空いた時間は漫画を読んだりゲームをしたりしてばかりいます。どのように育てればいいでしょうか。

まず、読む力を身につけるために本を読ませているということですが、力をつけるための読み方をしなければ読む力は身につきません。たくさん読めば良いというものではないのです。字面だけを追って読んでいたところで、読む力は上がりませんし、国語の成績も上がりません。そこのところは（私も「キムタツチャンネル」で語っていますが）学校や塾の先生に聞いてみてください。読み方というものがあるのです。

それはそれとして、毎月子どもさんに数冊の本を与え、読書感想文を書かせているということですが、子どもさんは本当にそれを受け入れているのでしょうか。それでは読書が苦痛になり、自主的に本を読もうとしないのは当然です。面白いと思える行動でないと継続できないですよ。空いた時間に漫画やゲームをするのも、リラックスするという点では良いのではないでしょうか。大人でもやっていますからね。

親にやれと言われてやる勉強や読書が楽しいわけがありません。せめて書店さんに子どもさんと一緒に行き、子どもさんが選ぶ本を読ませてあげてください。子どもさんが選んだ本が親の価値観に合わない本であったとしても、それを否定しないであげてください。その読書がきっかけになって、本を読むのが楽しくなるかもしれないのですから。親に読書感想文を提出するなんて、考えただけでも子どもさんがかわいそうです。家庭内に宿題が存在するなんて地獄ですよ。

Q

高校2年生の娘を持つ母親です。私自身が自分の親から勉強するようにいつも言われ、厳しく育てられたのが苦痛だったので、娘には自由に生きたらいいけど勉強はしておいたほうがいいと伝えながら育ててきました。先日の模試で、東京大学にB判定が出て驚いています。今のままの子育てでいいのでしょうか。私は親として、勉強に関しては何も関与しておりません。

それでいいです。否、それがいいです。

親に何ができますかと聞かれると困ります。なぜなら特別な何かをしようとして、失敗してきた親を何百人と見てきたからです。子どもを東大に入れた！　的な本がたくさん売られていますので、過敏になっている人が多過ぎるように思います。小学生の頃はまだ自我が芽生えていないことも多いので、親の言うことに従う子どもも多いかもしれませんが、中学生や高校生になれば、相当素直な子ども以外は従いませんし、それが健康な子どもの姿です。

私自身、高校生のときに、親に逆らうのが子どもの仕事であると、母校の先生に教わり、そうか、それなら今の自分はまったく問題ないんだなと思ったものです。

娘さんが小学生に上がる前、あるいは小学生の頃を思い出せますでしょうか。おそらく、努力とも思わないような努力をなさってきたのではないでしょうか。一緒に本を読むとか、一緒にいろんな場所に出かけるとか、一緒に新聞を読むとか、もしかしたら一緒に勉強するとか。そういったことを重ねているうちに子どもに勉強体質が生まれます。さすがに中学生になれば一緒に勉強するようなことはないかと思いますし、むしろ手離さなければ子どもは主体的に勉強しなくなってしまいますが、それまでに子どもに勉強体質を植えつけられるかどうかが大事な要素なのだと思っています。

娘さんが東京大学を目指しているのを、「親」という漢字どおりに木の上に立って見ておくことが今の仕事です。そして彼女が合格し、いよいよ子育てから解放されたら、あなたご自身が自分のレベルアップのためにいろんな勉強をされるといいと思います。

Q

高校2年生の娘を持つ母親です。夕食のときには絶対にテレビをつけず、スマホ画面を見ないで、家族で話をしようというルールを子どもが生まれたときに作り、それを主人も私も継続してきました。そのためか、高校生の娘は他のお子さんに比べて親離れができていないのか、学校のことや先生のことを夕食時に楽しそうに話します。自分が子どものときはこんなことはなかったので、話してくれるのは嬉しいのですが、少し不安にもなります。このままで問題ないでしょうか。勉強についてはまったく口出ししないようにしています。成績はそれなりに良いようですので、あまり心配していません。よろしくお願いします。

親離れというのは自然とできるもので、ご両親が意識して離れていくのも大切なことではあるのですが、今のままでいいのではないでしょうか。むしろその「夕食のときには絶対にテレビをつけず、スマホ画面を見ないで、家族で話をしようというルール」は素晴らしいいですね。

何が素晴らしいのかというと「子どもの話を親が聞く」という点です。お子さんは何も言わないかもしれませんが、学校という人間関係が複雑な場所でけっこう疲れておられるはずです。それでなくても座り心地の良くない椅子に朝から夕方まで座っているのです。体の疲労度はかなりのものです。大人は忘れているかもしれませんが。

それだけでなく、他の人との関係において（いじめに遭っているなどでないにしても）の疲労も相当なものです。それは大人も同じはずです。成績のことにしても部活動のことにしても、それなりに悩みがありますので、子どもは疲れて家に帰ってくるのだという認識を親はもっと持つべきだと思うんですね。

本書で何度も書きましたが、親がしなければならない仕事の一つに「リラックスできる環境を作る」ということがあります。リラックスすることによって、学校での疲労をリセットし、また明日も学校に行って勉強しようという気持ちが、無意識にですが生まれるのです。へとへとに疲れている子どもは遅刻や欠席をしがちになりますからね。

その点で、子どもの話を親が聞くというのは素晴らしい環境です。そのルールを是非とも継続していただき、良い家庭を築いていってください。できればその娘さんが将来作る新しい家庭でもそのルールを継続していっていただきたいですね。そうすればあなたのお孫さんも、非常にリラックスした家庭で、勉強しやすい、努力しやすい環境で育つことになるでしょう。

Q

小学生の息子を持つ父親です。東京大学をはじめとする難関大学に彼を入れるという観点で言えば、なんだかんだで中高一貫校がいいように思います。どう思われますか。

私もそう思います。他の条件がまったく同じなのであれば、そして難関大学に子どもを入れるという点で言えば、中高一貫校のほうが有利なのは間違いありません。

特に私立の場合、その学校の先生方が6年間の指導計画にもとづいて教えることになります。東京大学に毎年生徒たちを送り込んでいるような私立の学校では、仮に指導力のない先生が担当になったとしても、学校全体に生徒たちが難関大学に向かう空気が充満していますので、それほど問題ないと思われます。そういった学校では、これはあまり良いことではないかもしれませんが、この先生は駄目だなと思うと生徒たちは塾に行きますし、逆にこの先生は良いぞと思えば塾には行かずに先生に従うことになります。そこの見極めができる生徒が多いので、教員側は大変です。生徒たちが主体的に（勝手に）難関大学に向かうのですから、結果は出ますし、勉強しない子であっても「これは勉強したほうがいいな」と思うのは間違いありません。

ただし、指導計画のない私立の中高一貫校も相当数ありますので、その点はどの学校も同じように有利であるとは言えません。そういった学校では中高一貫と言いながら、あまり一貫した指導をしていないケースが多々あります。私が主宰する教員集団（現在、約４７００名が加入しています）に加入している先生が所属する学校の中にも、しっかりとした指導が行われていないと思われる学校、非常に教員が働きにくくて疲弊している学校がかなり多くあります。そういった学校に進むと、いたずらに宿題が多かったり、意味のない規則が多かったりして、生徒たちも疲弊しますので、あまりお勧めできません。いろんな私立校の中高一貫コースの実績を調べてみてください。難関大学に数名しか合格していないような学校もかなり多いことがわかるでしょう。進路保障という点で言えば、中学から私立に通わせる意味などないのではないでしょうか。

それと公立も中高一貫校が増えてきましたね。公立の場合、中高一貫とはいっても、学校によっては同じ敷地内に中学校と高校があるだけで、まったく一貫指導が行われず、中学と高校では違う先生方が教え、その連携がほとんど取れていないという学校も多く、今後の公立中高一貫校の重要課題だと言われています。その公立中高一貫校の6年コースの生徒たちがどういった大学に進んでいるのかは、調べればすぐにわかります。そういった学校では進学実績がほとんど上がっていないはずですので、それならば別にその公立中高一貫校を選んでも選ばなくても、難関大学への合格のしやすさという点では関係ないということになりますね。

自分は東京大学の卒業生です。東京大学は他大学に比べ、施設的にも雰囲気的にも勉学をするのに非常に恵まれていると思うのです。日本中から優秀な学生が集まってきて、理知的で素晴らしい大学だと思っています。自分の息子も東京大学に進めばいいなと思って、何かと東京大学の良さについて話してきました。

さて、本題です。ご存知のとおり、東京大学に入るためには読書力が必要となります。読む力のない生徒が合格することはありえないと言っても過言ではないと思います。ところが息子は本をあまり読みません。読むように話してはいるのですが、どうしたものかと悩んでいるところです。良いアドバイスがあればお願いいたします。

まず、東京大学は他大学に比べて施設的に優れているのは、税金のかけ方がまったく違うからですね。言うまでもないことですが、国立大学の学費が安いのは、税金で学費をまかなっているからですが、東京大学は他の国立大学よりも税金を投入されています。学生ひとりに費やされる税金は数百万円と言われています。国のもっとも重要な研究機関としての位置づけもあるのですね。東大の学生には、自分には税金が使われているのだという意識を持って、しっかり勉学に励んでもらいたいものです。

さて、読書についてですが、本を読むためにはそれなりの環境が必要です。何よりも家の中に本がないと読もうにも読めません。息子さんの勉強部屋がどういうものかはわからないのですが、家の中に本棚があって、読むべき小説や評論などが詰まっているという状況がないと難しいでしょうし、本があったとしても息子さんの興味をひくものではない場合には、面白くないのですから読むわけがありません。息子さんと書店さんに行き、なんでもいいから10冊選んでおいでといったアプローチをされるといいかもしれませんね。

それと意外な盲点なのですが、塾などに行って自由時間が短い場合、その自由な時間にリラックスしようとしますので、本に手を伸ばすことはあまりありません。もちろん、本を読んでいるとリラックスできるという本好きな人の場合はいいのですが、そうでない場合には本を読もうとしないでしょう。本を読むためには、そのための余裕が必要で、机上の勉強ばかりしている人、大人の場合だと仕事ばかりしている人は、時間的にも精神的にも余裕がなさ過ぎて本が読めないいんです。

受験勉強には本など必要ないという人もおられますが、本を読まない人が大学に行ってまともに研究できるわけがありませんよね。読書がすべての学問の基本なのです。だから、本を読まない子どもは東京大学に限らず、難関大学には合格しにくいのです。しかし、逆説的に言えば、勉強ばかりして忙しくしていると、本が読めないことになりますので、時間と心の余裕が息子さんにあるかどうかを判断してやることも必要ですね。学校や塾の勉強で忙しくしているのに、家ではお父さんから「本を読め」と言われてばかりいると、ますます読書が負担になるのではないかと思います。高校3年生の場合だとなかなか本を読む時間はないでしょうから、大学に行ったら本を読むんだよというアプローチがいいのではないでしょうか。中学生や高校1年生などはできるだけたくさんの本を読むことが重要ですが、先ほど書きましたとおり、家の中に本棚があるか、読みたい本があるかということをチェックしてあげてください。

早期教育にはあまり意味がないという意見もありますが、海外ではかなり早い段階から小学校教育が始まる国があります。まだ子どもは幼いのですが、やはり早い時期から塾などに通わせて勉強をさせたほうがいいのでしょうか。

結論から言いますと、早期教育の質によります。たとえば、塾に子どもを入れて先生に任せ、親のほうは特に何もしていない人の場合、あまり早期教育の意味はないと思われます。私の教え子たちを見ていると、むしろ親と子が一緒に勉強している、一緒に本を読んでいる、一緒に楽器をやっている、一緒に何かを学んでいるというケースが多いようです。また、そういった塾に通っていた生徒はそれほど多くなく、灘校の生徒たちの多くは塾に通い始めたのは小学校4年生か5年生というケースが圧倒的多数です。もちろん私立の小学校のお受験からスタートした子もいますが、かなりの少数派です。

それまでは何をしていたのかというと、本書で書きましたが、さまざまな刺激を脳に与えられてきたように思います。友達との遊びを通じて、本や映画を通じて、音楽や楽器演奏を通じて、さまざまな旅行先での経験を通じて、彼らの脳が育ってきたのですね。早期教育といっても教科的な勉強ではなく、経験値としての勉強とでも言うのでしょうか。

あまり焦らないほうがいいですよ。お子さんはまだ幼いのでしょう。よく「英語は3歳までが勝負だ！」とか言って煽《あお》っている広告などがありますが、まったくそんなことはありませんからご心配なく。私も多くの英語の専門家も、中学から英語の勉強を始めた人が圧倒的に多いのです。むしろ子どもにいろんな経験をさせ、親がしっかりと子どもの目を見て、できれば笑顔で、語りかけてやってください。そして、親自身が学ぶことです。それによって家全体に勉強体質が生まれます。

親も子どももゲームをしている家庭にしないように気をつけましょう。親も子どもも学んでいる家庭を作ってあげてください。

東京大学や医学部に入れば人生成功というような風潮は如何《いかが》なものかと思っています。学歴社会は昭和の昔に消えて、すでに実力社会になっているのではないでしょうか。キムタツ先生のご意見を伺いたく思います。

私もその「東京大学や医学部に入れば人生成功というような風潮」は間違っていると思います。灘校という東京大学や医学部にたくさんの卒業生を送り込む学校に勤務していますので、私も誤解されることが多いのですが、少なくとも私にはそういう考えは微塵《みじん》もありません。

しかし、残念なことですが、学歴社会は消えていません。私が懇意にしていただいているInstitution for a Global Society 株式会社の福原正大《ふくはらまさひろ》氏がリサーチした結果、やはり東京大学をはじめとする超難関大学の学生を優先的に採用する大企業が非常に多かったということです。したがって、学歴社会は依然として続いています。

確かに入社してからは東大卒であろうと何大卒であろうと、あなたの言うとおり、実力社会です。能力の低い東京大学卒が能力の高い他大学卒よりも上に行く会社はありません。東京大学の学生は、偏差値という点では能力が高い（高かった）のかもしれませんが、全員が全員、企業で他の人と協力して働けるかというとそうではありません。その点では能力が低い人もいるのです。就職したあとは、大学名など無関係です。

しかし、採用という点からすれば、相変わらず大学名が大切です。どうしてでしょう。それはあなたのおっしゃる「実力」を判断するのに、大学名が一つの基準となるからです。難関大学に合格するためには、遊びたいという欲望やサボりたいという甘えに克《か》ち、自分を律することが必要です。さらに計画を立て、それを着実に実行していく習慣作りが重要な要素です。難関大学の学生に企業が求めている「実力」というのはつまり、そういうものなのです。難関大学の学生は、仕事という点ではアマチュアなのですから、入社後から徹底的に鍛えられることになりますが、素養として自分を律する力や計画性や実行力を有していると判断する企業が多いということですね。

そもそも東京大学に入っても医学部に入っても、生きる力のない人間が成功するわけがありません。私たちは人間同士がひしめき合う社会で生きています。企業戦士であれ、医師であれ、弁護士であれ、官僚であれ、どんな仕事であってもひとりで生きていくことはできません。ところが、他の人たちと一緒に何かをやろうとすると、それなりにストレスになりますし、軋轢《あつれき》も生まれます。顧客や患者などから怒鳴りつけられる日もやってくるでしょう。同僚に気持ちを理解してもらえない日もやってくるはずです。そういった苦難を乗り越える心の強さや体の強靭《きょうじん》さがないと、人間関係に起因するすべての問題を乗り越えていけません。その点では中学や高校の成績など、まったく関係がないのですね。つまらないことで凹《へこ》んでいるようなやわな人間であっては、大学卒業後はまったく使い物になりません。

あなたのおっしゃるとおり、東京大学や医学部に合格すれば人生成功というのはまったくの間違いです。私たち大人は、子どもたちが社会の役に立つ人間になるように、他の人たちから「この人がいてくれてよかった」と言ってもらえるような人間に成長するように、正しく育てたいものですね。

あとがき

西大和学園中学校・高等学校で10年、灘中学校・高等学校で23年、合わせて33年間、「進学校」と呼ばれる学校で働いてきました。当時の西大和学園は成績の悪い生徒が多数派でしたが、一期生から東京大学にひとり合格者が出まして、その経験から成績の低い子たちの集団であっても合格実績を出す方法がわかってきました。対策的な勉強ではなく、生徒たちの弱点を分析し、順を追って粛々とその弱点を消していく指導をすることで成績は上がります。西大和学園の最後に受け持った生徒たち（十期生）は、東京大学と京都大学に合わせて48人が合格しました。当時は無名の学校でしたが、それなりにメディアに取り上げられました。私もあるテレビ番組に出演しました。「どうしてあんなに生徒たちの成績を上げられるのですか？」というインタビュアーの問いに対して、ディレクターに求められたとおり、「情熱です！」と答えました。本当に恥ずかしい過去です。

進学実績は上がりましたが、私は疲れ始めていました。これでいいのかなという思いが芽生え始めていました。同僚たちも生徒たちも、筆舌に尽くしがたいほど努力しました。なにしろ偏差値50もない生徒たちを東大や京大に合格させるには、それまで努力してこなかった生徒たちに勉強体質を植えつけることが必要です。体質を身につけるためには習慣化する以外にありません。習慣化するためには、とにかく勉強を毎日毎日することです。それ以外にはありません。

しかし、それと東大生に正しく育ててあげることは別の問題です。嫌がる子どもたちを机にしばりつけて勉強させ、作りあげられた東大生をたくさん見てきました。考える力も習慣もない子どもたち、覚えるだけの子どもたち、何よりも疲弊した子どもたち……こういった子どもたちが東大や京大に入るのを見てきました。そして彼らを見て、私自身が疲れてきました。学校は師弟関係の場ですが、師が疲れていては弟の力を伸ばすことなどできませんよね。進学校で働くのは向いていないかもしれないなと思い始めていました。

その後、ご縁があり、灘中学校・高等学校に移りました。進学校に向いていないと思っていたのではないのかと失笑される方もいらっしゃるでしょう。確かにそうなのですが、野球部の監督をしてほしいと面接の場で頼まれたのです。大好きな野球にたずさわることができるのかと思ってわくわくしました。また、灘校では自由に執筆活動をしていいと、当時の校長先生から言われました。中学生の頃からプロ野球選手か作家になりたいと思ってきたものですから、私にはうってつけのオファーだったのです。それに23年も勤めることができたのは、灘校では「成績を上げてくれ」とは一度も言われたことがなかったからだと思います。自由に生徒たちの指導をすることができました。

灘校は自由で良い学校です。本当に素晴らしい学習環境にあり、生徒だけでなく、先生方も人生を愉しむことができます。一方で、学外に出ると生徒たちの多くは塾に通いますし、睡眠不足だからでしょうか、真っ白な顔色で授業を受ける子も、特に高学年では多くなります。入学してくる生徒たちに話を聞くと、早い子だと小学校低学年から塾に通い、なかには塾に行かないと不安と言うような子もいます。知識を徹底的に叩きこまれ、夜遅くまで教室で叱咤激励された子どもたちに、健全な思考ができると思いますか。そうではない健康的な子どもたちもたくさんいますが、残念ながら「東大までの人」もたくさん見てきました。

『ドラゴン桜』が大人気となり、東大ブームが巻き起こりました。このブームはとてもいいなと思っています。何より超進学校の独壇場であった東大合格者輩出校に、地方の公立高校が入ってきたのは良いことです。普通の高校生たちが高嶺《たかね》の花だと思いこんでいた東大に行ける可能性を『ドラゴン桜』のキャラクターたちが教えてくれたのです。自分の可能性に線引きすることなく、物事をしっかり覚え、考える習慣を身につけることで、東京大学は近くなります。東大の先生が「公立から来た学生は頭がいい」とおっしゃったのが印象的でした。『ドラゴン桜』の熱が冷めるにつれ、そういった「知識を身につけ、それをベースに考える力や経験値を高めて東京大学に入る」という考えから、ごっそりと大切な要素が抜け落ちてしまったように思います。知識は大切です。覚えることさえしない人に考えることなどできませんからね。しかし覚えることが目的となり、その知識を有機的に使わなければまったく意味のない暗記になってしまいます。

また、「私が子どもを東大に入れたのだ」という親の本が書店さんに並び始め、本人ではなく親が主張するようになりました。多くの学校では、先生方がそういう親の本を疑問視するようになりました。言うまでもなく、東大に入れたのは親ではありません。本人が努力して「入った」のです。そして、「私も子どもを東大に入れたい」というロボット製造業者のごとき親が増殖することになりました。また、それに歩調を合わせるように「東大に何人入れた」というキャッチフレーズを振りまわす塾や予備校がたくさん出てきました。本当に良くない流れです。塾に行って疲弊し、親にお尻《しり》を叩かれて疲弊し、授業中に居眠りするような子どもたちを作ってはならないのです。いくら東大に合格したとしても「東大までの人」を作ってしまってはいけません。親が「入れた」と思っている子どもたちの中にも素晴らしい考えの持ち主もいて、自分は母に入れられたわけではないとFacebookなどで公言している東大生もいるようです。そういった若者がいることを心強く思っています。そうでなければならないのです。子どもたちは、確かに親や教員の世話にはなったでしょうし、それに対する感謝の気持ちを忘れてはなりませんが、それでも自分の努力に対して胸を張るべきなのです。他の誰かに入れてもらったわけではないと。

この本を書くにあたり、もしかすると自己否定にもつながりかねないなという思いがありました。なぜなら、特に若い頃は進学実績を伸ばすために、子どもたちを疲弊させていたのは私自身だからです。子どもたちの気持ちがどうであれ、毎日のように小テストを行い、宿題を課し、ノートを提出させ、極めて「熱心に」子どもたちを指導し、それで満足していたのですね。私の指導ペースについてくることのできる子どもたちの成績は伸びましたし、保護者からの評価はかなり高かったように思います。学校の進学実績は目を見張るほど高くなっていきました。上司からは高い評価をいただき、教員になって3年が経った頃、学年部長に任命され、理事長から「木村くん、若手をしっかりと育てなさい。成績を出せる教師を育てなさい」と言われました。当時、私は27歳でした。私は有頂天でした。

一方で、速いペースと多くの課題についてくることのできない子どもたちもたくさんいました。せっかく志望校に合格したのにもかかわらず、自信を喪失してしまって、退学する子どもたちも少なくはありませんでした。今から思えば残酷なことをしたと思います。合わないなら合わないなりに、そういった子どもたちには面談を重ね、力に応じた指導をしてやればよかったと悔いています。

ついてくることのできない子どもたちに対して私が行ったのは面談ではなく、日々の補習や追試でした。自信とやる気を失っている子どもたちに対してそれらを行ったところで、まったく効果はありません。やる気が満ちている子どもたちであれば、効果的なのですが、やる気もないのに「やれ!」と言われる子どもたちはどんなに苦痛を感じていたことでしょう。今日もまた補習だ、明日は追試だ……という日々を送っていた子どもたちが伸びることなどありえません。勉強体質は気持ちがなければ身につかないのです。いくら勉強を日常的に行ったとしても、将来の展望と自己鍛錬に対する意欲がなければ、体質が身につくことはなく、逆に勉強から逃げ出したい気持ちのほうが強くなっていくはずです。そんなものは教育と呼べません。

今ならそう思えるのですが、当時は若かったうえに、とにかく進学実績の数字を高めることしか頭にはありませんでしたので、個々の生徒たちを見るという意識がなかったのですね。子どもたちは人間なのです。自由な存在です。教育は数字を高めることではなく、子どもたちを管理することでもありません。当時は彼らを育てて社会でアクティブに活躍する人材にするという気持ちが薄かったのです。これについては自己批判するしかありません。

あるとき、当時の生徒たち（今では50歳ぐらいになっています）が同窓会を大阪で開いてくれました。Facebookで友達申請をしてくれた教え子がいて、それがきっかけになりました。10人ほどの教え子たちが集まってくれました。みんなの前で「当時は人間を見るというより、数字を見てばかりいた。本当に申し訳なかった」と頭を下げました。「一生懸命やってくださったから、偏差値40台だった僕でも関関同立の一つに合格できたのです。謝らないでいいですよ」と笑顔で言ってくれた教え子がいて、救われた気持ちでした。

進学校で疲れた子どもたちを作った私にこの本を書く資格はあるのかと、考えたこともありました。しかし、子どもたちを縛りつけて考える力を失わせ、疲弊させた状態なのに「東大に入れた！」と叫ぶ大人が増えるのは良くないなという思いが強くなりました。東京大学をはじめとする難関大学に生徒たちが進むことはとてもいいことだとは思います。若い頃に目標をしっかりと見据えて計画を立て、粘り強く努力することは素晴らしいことです。が、合格することがすべてなのではなく、その学びが大学や社会での学びへとつながり、他の人たちや社会の幸せに向かわなければ、まったく意味がありません。

本書を読んでくださったお父さんやお母さんがリラックスできる場としての家庭をお作りになり、子どもたちに考える機会を与え、健全な子育てをされることを願ってやみません。そしてそういった親に育てられた子どもが東京大学をはじめとする大学に進み、知識だけでなく知性と教養をはぐくみ、他の人たちの役に立つ、社会全体に貢献する人材に育ってくれるのだと信じています。

本書を執筆するにあたり、幾度となくアドバイスをくださったKADOKAWAの原孝寿さん、京都のフリーエディターの柳原香奈さんに心からお礼申し上げます。お二人がいなければ、この本は生まれなかったと確信しています。ありがとうございました。

木村達哉

木村達哉（きむら　たつや）
1964年、奈良県生まれ。関西学院大学文学部英文学科卒業。奈良県・西大和学園教諭時代には第１期から東大合格者を出す。98年、灘中学校・高等学校英語教諭に。東大合格者数トップクラスの灘校で多くの生徒を難関大学へと導き、西大和学園・灘校合わせて500名以上の東大合格者を送り出した。2021年に灘校を辞め作家業に専念。定期的に生徒向けの英語学習や教師向けの英語指導法についてのセミナーを実施、その熱血ぶりには全国的にファンが多い。2020年よりYouTube「キムタツチャンネル」を開設し、精力的に学習動画を公開中。

灘校《なだこう》と西大和学園《にしやまとがくえん》で教《おし》え子《ご》500人以上《にんいじょう》を東大合格《とうだいごうかく》させた
キムタツの「東大《とうだい》に入《はい》る子《こ》」が実践《じっせん》する勉強《べんきょう》の真実《しんじつ》

2021年４月16日　初版発行

著者／木村達哉《きむらたつや》

発行者／青柳昌行

発行／株式会社KADOKAWA
〒102-8177　東京都千代田区富士見2-13-3
電話　0570-002-301（ナビダイヤル）

印刷・製本／大日本印刷株式会社

●お問い合わせ
https://www.kadokawa.co.jp/（「お問い合わせ」へお進みください）
※内容によっては、お答えできない場合があります。
※サポートは日本国内のみとさせていただきます。
※Japanese text only

定価はカバーに表示してあります。

ISBN 978-4-04-110938-0　C0037